不可不知的心理學

9

律

全集版

GOLDEN RULES

突破個人思維的9大黃金法則
本書定律改變了無數人的命運
各種版本累計銷售已逾百萬冊

彼得等著◎原著
艾柯◎編譯

曾榮登暢銷書非小說類排行榜的第一名，持續榜首二十週之久

打開本書法則，仔細品讀它，你將不用繼續在黑暗中摸索前進的方向，你將不會繼續在無聊麻木中迷失自己，你將擁有智者的眼光和深度，你將了解支配世界和人生的黃金法則，你的命運也將隨之改變。

前言／九大黃金定律：為什麼一本書能改變一生的命運

為什麼不稱職的官員製造了更多的官員？

為什麼優秀的人在一起卻變成了烏合之眾？

為什麼人們總是由勝任的職位爬到不勝任的職位？

為什麼「貧者越貧，富者越富」？

為什麼走錯了，想回頭總是很難？

為什麼總是越怕犯錯卻偏偏犯錯？

為什麼世界上充滿了矛盾和神秘的不平衡？

……

約瑟夫．福特說過：「上帝和整個宇宙玩骰子，但這些骰子是被動了手腳的，我們的主要目的，是去瞭解它是怎樣被動手腳，以及如何使用這些手法，達到自己的目的。」

能打開本書，是你的幸運。

想一想，世界上有多少人在黑暗中苦苦掙扎，他們翻閱了無數成功學的書籍，尋遍了各種引導成功的道路，卻找不到方向。

於是，他們由激情變得盲目，由盲目變得迷失，又由迷失變得消沉……

你會重蹈他們的覆轍嗎？

不！因為你已經打開了本書，仔細品讀它，你將不用繼續在黑暗中摸索前進的方向，你將不會繼續在無聊麻木中迷失自己，你將擁有智者的眼光和深度，你將了解支配世界和人生的黃金法則，你的命運也將隨之改變。

本書選取的九大金科玉律，涵蓋了個人成功與企業發展的指標。這些定律就像人類智慧的一扇窗戶，透過它，你可以瞭解紛繁複雜的世界背後的真相，如《帕金森定律》、《彼得原理》、《手錶定律》、《路徑依賴》、《木桶定律》、《80/20法則》、《華盛頓合作定律》、《墨菲定律》、《破窗效應》。

它也像人類的一面鏡子，透過它，你可以瞭解人類的種種「陋習」。

因此，這是一本濃縮了人類智慧精華的經典書。

在這個瞬息萬變的時代，在這個資訊嚴重污染的時代，你讀什麼樣的書，就決定了你將成為什麼樣的人，決定了你未來是什麼樣的命運。

可是書海茫茫，你肯定有無所適從的感覺，好像每一本書都記載了人類寶貴的知識。其實，在這個喧囂浮華的年代，真正對你有價值的是這樣一些知識：

它們經過時間的歷練、經過無數人的實踐而成為亙古不變的「金科玉律」。

無數事實證明，只要你能掌握並運用本書中的這些九大金科玉律，你就——

可以輕易地完成工作，獲得晉升；

可以成為領袖人物，使朋友喜悅，使敵人驚愕；

可以享受簡單生活，讓生活更豐富，充滿活力；

可以避免慘痛的錯誤；

可以贏得更多的利潤；

可以讓自己的事業蒸蒸日上；

可以讓自己的團隊和諧且高效地運轉；

……

本書所彙選的「黃金定律」曾改變了無數人的命運，而今，它又呈現在你的面前，如果你認真閱讀，並詳加思考和應用，它一樣能使你的命運發生無窮的變化！

目錄：

第四條、彼得原理／107

第九條、路徑依賴／249

第一條、帕金森定律

一個不稱職的官員，可能有三條出路：一是申請退職，把位子讓給能幹的人；二是讓一位能幹的人來協助自己工作；三是聘用兩個水準比自己更低的人當助手。

第一條、帕金森定律

一個不稱職的官員，可能有三條出路：一是申請退職，把位子讓給能幹的人；二是讓一位能幹的人來協助自己工作；三是聘用兩個水準比自己更低的人當助手。

1 毛澤東推薦的案頭書

毛澤東曾向中國大眾推薦過一本小冊子——《官場病——帕金森定律》，這本書雖然只有幾十頁，卻對世界產生了深遠的影響。倫敦《金融時報》評價說：「一本可惡的書，不能讓它落入下屬的手裡。」倫敦《星期日泰晤士報》的評價則是：「一本極端情趣橫溢和詼諧的書。」

這是一本什麼樣的書，其作者又是誰？

帕金森，英國歷史學博士，曾在哈佛大學擔任教授。一九五七年，他在馬來西亞一個海濱度假時，悟出了一個定律，後來他將自己思考的結果發表在倫敦的《經濟學家》期刊上，一舉成名。

歷史學界一向有史學、史才、史識之說，但作為歷史學家的帕金森先生，與自己的同行相比，更具有面對真實的勇氣和對歷史、社會的責任感。

帕金森教授是典型的英國人，富有幽默感而又孤高自傲，《帕金森定律》一書出名以後，他的演講更是座無虛席。

《帕金森定律》一書出版以後，被翻譯成多國語言，在美國更是長居暢銷書排行榜榜首。

直到今天，現代各公私機構仍然沒有完全解決人員膨脹、效率低下的問題。帕金森教授對機構病症的獨到觀察與尖銳批評，仍然值得任何機構的高級人員進行參考與反省。

此外，帕金森還發現了另一個為人熟知的定律（通常稱為第二定律）：「增加開支以配合收入」。第二定律成功地解釋了人何以貪婪無饜，越有錢的人越想得到更多的錢的問題，同樣引起了思想界的關注，奠定了其作為二十世紀最偉大的政治學家的理論基礎。

2 不稱職官員的三條出路

在《帕金森定律》一書中，帕金森教授對於機構人員膨脹的原因及後果作了非常精彩的闡述：

(1)個不稱職的官員，可能有三條出路：

(2)是申請退職，把位子讓給能幹的人。

(3)是讓一位能幹的人來協助自己工作。

(4)是聘用兩個水準比自己更低的人當助手。

這第一條路是萬萬走不得的，因為那樣會喪失許多權利；第二條路也不能走，因為那個能幹的人會成為自己的對手；看來只有第三條路可以走了。於是，兩個平庸的助手分擔了他的工作，減輕了他的負擔。由於助手的平庸，不會對他的權利構成威脅，所以這名官員從此也就可以高枕無憂了。兩個助手既然無能，他們只能上行下效，再為自己找兩個更加無能的助手。如此類推，就形成了一個機構臃腫、人浮於事、相互拖累、效率低下的領導體系。

這部分闡述是《帕金森定律》一書中的精華，也是帕金森定律的主要內容，常常被人們轉載傳誦，用來解釋官場的形形色色。

3 人數與工作量的關係

要打發時間就得多找事情做，這是大家公認的事實，所以俗語說「真正忙的人是勻得出時間的」。

一位閒來無事的老太太為了給遠方的外甥女寄張明信片，可以足足花上一整天的工夫：找明信片要一個鐘頭，尋眼鏡又一個鐘頭，查地址半個鐘頭，做文章一個鐘頭零一刻鐘，然後，考慮去鄰街的郵筒投遞明信片要不要帶把雨傘，又花掉了二十分鐘……就這樣，一個忙人總共十分鐘就可以辦完的事，老太太卻要猶豫、焦慮和操勞整整一天。

假如完成工作所需的時間，有如此之大的彈性，那就可以說明工作量和做這份工作的人數之間關聯性很小，甚至可能是毫無關係。不認真辦事不一定顯得悠閒，無所事事也不一定能從懶散上看得出來。

大家可能都認為，事情的重要性和複雜性應該和辦這件事情花去的時間成正比。政治家和納稅人可能相信（偶爾也懷疑），公職人員多了，工作量肯定就增加了。但有的人不信這一套，他們認為職工人數成倍上升，必定會有某些人閒下來無事可幹，要不就是大家的工作時間一律縮短。

對這個問題，相信和懷疑都不正確。

真實情況是怎樣的呢？

職工人數和工作量毫不相關，職工人數的增加是符合帕金森定律的。

不論工作量有多少，甚至完全沒有工作量，職工人數的變化總逃脫不了帕金森定律。這條定律的真實可靠性可以從統計材料得到證實。

然而，一般讀者可能更願意知道，帕金森定律是如何發揮作用的？為什麼機構的膨脹是必然發生的？機構膨脹有什麼內在的決定因素呢？機構膨脹的動力又是什麼？

就我們上面將要探討的問題來看，有兩個無需解釋就十分明白的事實可以代表機構膨脹的兩種動力：其一，當官的人需要補充的是下屬而不是對手；其二，當官的人彼此之間是會製造出工作來的。

4 官員製造更多的官員

為了弄明白當官的人需要補充的是下屬而不是對手，我們假設有個當官兒的A君，他覺得自己勞累過度，究竟是他的工作真的太多，還是僅僅他自己感覺這樣，這倒無關緊要。需要順便提一下，A君的感覺（或許是幻覺）很可能是由於他的體力漸衰而引起的，這本是中年人常見的正常現象。

不論工作繁重是真是假，反正他現在只有三種選擇：第一，提出辭職；第二，讓同事B君來分擔自己的工作；第三，要求增加C先生和D先生來當助手。

按照一貫的做法，A君恐怕毫無例外地要選擇第三種辦法了。因為如果辭職，他就失去了領取退休金的權利；請來級別和自己相當的B君，等到日後上一級的W君退休，豈不是在自己晉升的道路上樹立了對手？

因此，A君寧可找C先生和D先生來當助手，何況C、D二位的到來等於提高了他的地位。他可以把工作分成兩份，分別交給C先生和D先生，而自己成了唯一掌握全局的人。

說到這兒，有必要強調一下，C先生和D先生二位是缺一不可的。單單補充一個C先生可不行。

為什麼呢？

因為只讓C先生分擔A君的工作，C先生幾乎就充當了原本就不想要的B君的角色：C先生成了唯一可以頂替A君的人。所以，要找助手，非找兩個或者兩個以上不可，只有這樣，他們才可以相互制約，牽制對方的提升。

有朝一日，C先生也開始抱怨疲勞過度（毫無疑問他是會走到這一步的），A君會跟他商量，給他也配上兩名助手。鑒於D先生和C先生的地位相當，為了避免矛盾，A君只得也給D先生增配兩名助手。

於是，在補充了E、F、G、H四位先生之後，A君自己的晉升就十拿九穩了。

如今，七個人在做A君過去一個人做的工作。也許你會想，這七個人太輕鬆了，幾乎每天都可以躺在辦公室睡大覺。但你看到的是每個人都忙得不可開交，實際上連A君也比過去辛苦。

為什麼會這樣呢？

答案是他們彼此之間會製造出許多工作來。

比如A君囑咐要起草一個文件，E兄認為該文件是F兄管轄範圍內的事，於是F兄就起草一個初稿。初稿送到C先生那兒，C先生大加修改後送D先生會簽。D先生本想把文稿交給G兄去辦，不巧G兄請假不在，文稿轉到H兄手裡。H兄寫上自己的意見，經D先生同意送還給C先生。C先生採納了意見，修改了草稿，然後把修改稿送呈A君審閱。

A君怎麼辦呢？

本來他可以不加審查，簽發了事，可是他的腦袋裡裝了許多其他問題。他盤算到明年自己該接W君的職位了，所以必須在C先生和D先生之間物色一位來接替自己；嚴格來說，G兄夠不上休假條件，可是D君又批准他走了，H兄的健康狀況不佳，臉色蒼白，部分原因是鬧家庭糾紛，也許本來該讓H兄休假才對；此外，A君要考慮F兄參加會議期間增發工資的事，還有E兄申請調往退休金部去工作的問題；A君還聽說D先生愛上了一個女打字員，那可是個有夫之婦；G兄和F兄鬧翻了，已經到了互不理睬的地步——誰也不知道是為了什麼。

因此，當C先生把修改的文件送來的時候，A君本想簽個字發了完事。同事們相互製造了矛盾，也給他製造了矛盾，重重矛盾擾得他心煩意亂，而起因無非就是有這麼多大大小小的官員們的存在。

可是A君呢，又是一個辦事極為認真的人，他決不敷衍塞責。於是，他仔細閱讀文稿，刪去C先生和H兄加上的囉嗦話，把稿子恢復到精明能幹的F兄最初起草的樣子，改了改文字——這些年輕人簡直全不注意語法——最後定了稿。

這份定稿，假如說這一系列的官兒們根本就沒有出現的話，A君同樣也是可以弄出來的。人多了，辦同樣的事花費的時間反而比過去更多了，誰也沒閒著，人人都盡了最大的努力。

等到A君離開辦公室回家時，天色已晚，暮色沉沉中，辦公樓最後一盞燈熄滅了。他兩肩下垂，臉上泛起一絲苦笑，思忖著：長時間的工作和白頭髮一樣，是為爭取功名而受到的一份懲罰。

5 三流上司，四流下屬

當你看了A君製造六個下屬的過程，你對這樣的（行政、商業或學術）機構就見怪不怪了：高層人員感到無聊乏味，中層人員忙於勾心鬥角，低層人員則覺得灰心喪氣，工作沒有意義。他們都懶得主動辦事，因此整個機構毫無業績。

但一個機構究竟是如何變得這麼死氣沉沉的呢？

在大多數垂死的公司裡，它們最後的癱瘓麻木都是長期蓄意誘導和縱容的結果。

一開始，假如某個機構裡有一個高度無能與妒忌的官員，他在原來的部門沒有取得什麼成就，卻經常想著如何干涉其他部門的事務，以便控制「中央行政」。

於是，他會千方百計地排斥所有比自己能幹的人，也會設法阻止任何比他能幹的人獲得提升。他不敢說甲君太能幹，所以他說：「甲嗎？也許聰明，不過他穩重嗎？我比較贊成提升乙。」他不敢說甲君使他覺得自己很渺小，所以他說：「我覺得丙君有較好的判斷力。」

於是，丙獲得提升，而甲則調往它處。

最後，整個「中央行政」逐漸填滿了比主席、董事或經理更愚蠢的職員。如果機構的主席是個二流貨色，他會確保他的下屬是三流貨色，以此類推，較低的職員就是四流的貨色。

不久將出現愚蠢自負者之間的真正競爭，人們爭先裝得自己比誰都更無能，整個機構從上到下，全無智慧之光。

到這個階段時，這個機構實際上已經死亡。它可能處在這種麻木狀態達二十年之久，也可能靜悄悄地解體，最後甚至可能復甦（但復甦的例子很少）。

經過這個階段後，機構裡的每個人都以愚蠢的幽默掩蓋自己的無能。奉命去進行「排除有能力者」的人，很可能因為看不出某人的真正能力而失敗。

有趣的是，「排除有能力者」一旦失敗，有能力的人就開始從外線滲透並開始往上爬。他們會變成終日嘮叨高爾夫球運動和傻笑虛弱的人，遺失文件，忘記姓名，使他們看起來和其同事毫無差別。

只有當他擢升到高位時，才突然間撕開假面具，就像是童話啞劇裡一群仙女裡的魔王一樣，在尖銳刺耳的責罵聲中，這名貴人突然變得極為聰明能幹。

事到如今，對那些愚蠢的同事來說，排除已經太遲了，破壞已經造成，疾病漸漸開始痊癒，在未來的十年裡有望完全復原。

不過這種自然的復原畢竟太罕見了，在一般的情況下，疾病會經過各個階段，最後變得無藥可救。

那麼，我們又如何判斷一個三流上司、四流下屬的組織呢？

「我們太過努力是錯誤的，我們不能與上級階層比較，我們在低層同樣做著有意義的工作，配合國家的需要，我們應該問心無愧。」

「我們不自吹是第一流的。奮勇直前的人真是愚頑，他們自己的工作表現，好像他們是屬於頂層的人一樣。」

「思想交流和人員的調換是件好事——可惜從上層來我們這兒的幾個人卻令人非常失望，我們只能得到被其他部門踢出來的蠢才。」

「哎呀，我們不該抱怨，我們要避免發生磨擦。無論如何，以我們微小的能力，可以盡力做好事情。」

如果經常聽到這些話，你就可以確定這是一個什麼樣的組織了，他們的這些建議清楚地表示：所定的成就標準太低。他們只求低水準，更低的水準也未嘗不可。二流主管發給三流職員的指示，也只要求達到最低的目標。

他們不要求較高的水準，因為一個有效的組織不是這種主管的能力所能控制的。「永遠保持第三流」的座右銘，以金字刻在他們的大門入口處，三流水準已經成為所有工作的指導原則。

但是，他們仍然知道有較高水準的存在，所以一旦升到頂層時，他們還是會感到內疚。可是這種內疚為期不久，他們就會重新調整自己、安慰自己。

於是，他們又開始躊躇滿志、沾沾自喜，他們把所定的目標進一步放低，以至所有的目標都能達到——靶子立在十碼處，所以命中率極高。

董事們已經做好他們應做的事，感覺自己很成功，事實上，他們所取得的成就只不過是費了吹灰之力罷了。

結果他們越來越自滿，並且洋洋得意地說：「我們的主管是一個明智的人，他從來不多說話——那是他的性格，他也很少犯錯誤。」「在這裡，我們不太相信什麼才華，那些聰明人多麼令人討厭，他們擾亂既定的慣例，提出我們從來沒有試過的各式各樣的新計劃，而我們只要擁有簡單的常識和合作的精神，就可以取得輝煌的成就。」

事情進一步發展，組織也進一步惡化，高層人員不再透過與其他機構的比較來誇耀自己的效率。他們已無視其他機構的存在，不再光顧餐廳的食物，而寧願帶三明治上班。

於是，辦公桌上佈滿麵包碎屑，布告欄上仍掛著四年前舉行的文娛晚會的通告；布朗先生的辦公室外掛著史密斯先生的姓名，而史密斯先生的門上注明是羅賓森先生的辦公室；破碎的窗戶以交叉形的木板釘住，電燈開關給接觸的人一陣驚險的觸電；天花板白灰剝落，如雪片般地灑在地下；電梯久已失靈，洗手間裡的水龍頭永遠關不緊；破裂的天窗上雨水傾盆而下，地下層傳來陣陣餓貓的悲號聲……

6 金玉其外，敗絮其中

大家都知道，英國的出版社向來是以雜亂無章的環境而聞名的。一個人走到顯然是入口處的地方時，會被引導向屋外走，繞過一座建築物，走下一條小巷，然後再爬上三段樓梯，才到辦事處。

見識過出版社的這種破漏和臨時湊合的環境之後，當我們看到那些外表整齊又方便的建築物時，心情不禁萬分舒暢。

那些銅和玻璃製造的外門，對稱地立在正門的中央，擦得發亮的皮鞋在光鮮照人的地板上輕快地滑向閃閃發光和無聲的電梯。高度修養的接待員以鮮紅的櫻唇向冰藍色的電話聽筒嬌滴滴地說話，當她看見來拜訪的你時，會主動招呼你坐在電鍍的扶手椅子裡，以迷人的微笑告訴你：「請您稍微等候。」

從高貴的雜誌社往上看，你會發現寬大的走廊如何伸展到A、B和C部門，關閉的門後面時而傳出有規律的打字機聲音。

一分鐘後，你出現在董事長的面前，陷在他的地毯裡，被大人物不斜視的目光催眠著，並被掛在牆上的巨大畫像嚇唬著，你會覺得終於找到了真正有效率的工作環境。

但是，當你透過眼前的場景看到事情的真相時，你將會大失所望。

現在人們知道，那些瀕臨破產的公司，通常會佈置富麗堂皇的辦公室來虛張聲勢。這個看來很矛盾的結論，是根據大量考古學和歷史學的研究得到的。

因為在業務旺盛的時候，沒有人會有時間去策劃一座完美的辦事處。只有在所有的重要工作都已完成後，人們才有時間這樣做。可見，完善是終結，終結是滅亡。

所以，對一般的旅客來說，在參觀聖彼得教堂、羅馬和梵蒂岡時，眼見那令人敬畏的景觀，就自然會聯想到教皇至高無上的權威，暴君在暴跳如雷地詛咒，明君在此修訂律法等。

但只要翻開導遊小冊子，旅客就會知道：真正有勢力的教皇是在這些大廈建好之前的事，而且，他們經常不住在那些令人肅然起敬的宮殿裡。更有甚者，後世的教皇已經失去大半權力，在這些建築物完成時，他們幾乎已經被遺忘得一乾二淨了。

證明這個理論不難，讓我們以國際聯盟的歷史為例。從它於一九二〇年成立到一九三〇年這段時間，人們對國際聯盟抱著極大的期望，但到了一九三三年，這項實驗看來是失敗了。國聯宮無疑是一座卓越的建築物：秘書處、會議室、大會會場和餐廳等都經過精心和周詳的設計，各方面都是獨出心裁、匠心獨運。但就在一九三七年國聯宮投入使用的時候，國聯幾乎已經完蛋了。

有些人或許會說凡爾賽宮是一個例外，這座巍峨壯觀的龐大建築，是在法王路易十四王朝頂峰時建造的。只是這還不是事實的全部，雖然凡爾賽宮象徵著那個時代的勝利精神，但它基本上是在該王朝的末期完成，一部分工作是在下一王朝才完成的。凡爾賽宮主要是在一六六九年和一六八五年間建造的，國王直到一六八二年才進住，甚至到此階段，部分工程仍在進行。

著名的皇家寢室直到一七〇一年才啟用，而教堂則在九年後才完成。把凡爾賽宮當作政府而不是皇宮，其歷史是從一七五六年開始的。

另一方面，路易十四的豐功偉績是一六七九年以前的事情，到一六八二年登峰造極，而到一六八五年，其政權就已經開始走向衰微。據某位歷史家說，路易十四在來到凡爾賽宮時，其權勢已經趨向沒落了。

有數不清的例子可以說明，如果新機構成立時，有多名副董事長、顧問和高級職員，加上特地設計的建築，就足以讓這個機構迅速滅亡。它會被本身的完整無缺悶死，它不能生根，因為沒有土壤；它不能自然地成長，因它已經長大；它不能開花，更不用說結果。

7 不堪折磨，知難而退

一個機構，如果它的領導者（○○君）在該退休的時候還比其他人能幹，是否一定要他讓賢呢？

很明顯，一個人在四十七歲時仍然屈居為他人的下屬，那麼他永遠不配做任何其他的事情。到○○該退休時，他的直接下屬已經太老，而且已經屈就太久了。他們所能做的就是阻撓所有地位比他們低的人，這點他們肯定是有把握做到的。

這樣一來，在很多年裡，不會出現一個能幹的繼任者，甚至永遠不會出現一個能幹的繼任者。除非有一些突變，使一個新的領袖出現在面前。

所以它必須做一個艱難的決定，除非○○即時離去，否則最終對整個機構不利。

越是能幹、留任越久，就越難取代他。所以，如何使人離去將是這個機構最棘手的問題。

在過去，如果一家公司想叫一個董事主席背包走人，通常是其他的董事在董事會上「發表」根本聽不見的談話，只是把口張開和關閉而已，而另外一個董事，則不停地點頭，裝成能聽懂那個人說話的樣子，使主席認為自己已經又老又聾了。

但是，過去這種粗糙的辦法已經被廢棄了，與其他事情一樣，現在人們求助於現代的科學方法。

這個更有效和更有把握的辦法，主要是以坐飛機旅行和填寫表格來完成。研究結果證明：這兩種活動的結合，可以造成任何一個高層人員徹底的筋疲力竭。

比如把一系列的會議程式表放在某個高層人員的面前：六月在西伯利亞開會，七月在北極圈開會，八月在南極圈開會，每次會議為期三週。

人們告訴他：部門或機構的聲望完全有賴於他出席這些會議，而且若派別人去出席，會使其他國家的代表感到受辱。他的行程表使他奔波於不同的會議之間，一年只能回到辦公室三四天。

當他回到辦公室時，發現辦公桌上堆滿了待填的表格，有些是關於他的行程的，有些是關於拖欠的帳單的，其餘的是關於所得稅的。

在出席完了南極圈會議，填寫了一大堆表格後，他會接到另一系列的會議行程表：九月份在冰島開會，十月在關島開會，十一月在亞馬遜河開會。到了十二月，他會承認自己不行了，打算明年1月宣佈退休。

在任何行程中，他絕無機會享受安閒的郵輪航程，全部旅程都是在飛機上度過的，而且每一次的班機一定是清晨二時五十分起飛，必須在清晨一時三十分到達機場；飛機原定隔日清晨三時十分到達目的地，可是，由於某種原因，拖延到三時五十七分才到達，於是在經過移民廳和海關檢查時已是清晨四時三十五分；回程時，數小時吃不到東西，餓到接近暈倒，他才獲得一杯薄酒沾唇。

當然，大部分的飛行時間是花在填寫各種各樣的表格上，包括貨幣和健康申報表，身上帶多少英鎊、美元、法郎、馬克、日元，多少信用卡、旅行支票、郵票和匯票？昨晚和前晚你在何處睡覺？你何時出生，你祖母的娘家姓什麼？……

試驗結果顯示：一個身居要職的老年人，在經過多次這種飛機旅行和填寫表格的折磨後，都會被迫宣佈退休。甚至有跡象顯示，有些老年人在接受這種折磨前便自行退休，當他一聽到要送他去斯德哥爾摩或溫哥華開會時，他就知道該是讓賢的時候了。

8 內閣膨脹，大權旁落

一個委員會的性質是有機組織，而不是一種機械的結合物。它就像一株植物，會生根成長，開花結果，然後枯萎凋謝，還會把種子散播開來，使其他的委員會得以接著開花結果。只有懂得這種原理的人，才能真正地瞭解現代政府的結構和歷史。

在顯微鏡底下做初步研究，組織學專家、歷史學者甚至對組建內閣者來說，一個委員會的最理想陣容是五個人。

五個人容易召集，而且在開會時可以有效地、機密地和迅速地辦事。在這五個人當中，四個人可以分別精通財政、外交、國防和律政。第五個人，他不擅長上述的任何方面，通常出任主席或首席部長。

無論把成員局限在五名是多麼的方便，但根據觀察，我們發現委員會的人數會很快地增加到七名或九名。這種增加的藉口總是說需要上述四種領域之外的特別技能。

在一個九個人組成的內閣裡，三個人制定政策，兩個人提供資料，另一個人主理財政，加上中立的主席，總數是七個人。乍看一下，另外兩個人似乎純粹是點綴。

大約在一六三九年，英國的內閣就是這樣分配職務的。我們至今尚不知道另外兩個緘默成員的職務是什麼，不過我們有理由相信，一個內閣進入第二階段的發展時，是不能沒有他們的。

許多國家的內閣，仍然處在第二階段，就是說把成員局限在九個人，不過這種內閣仍然是少數。在其他地方和較大的國家，它們的內閣成員通常都會有所增加。

新的成員會隨時加入，有些自稱是擁有特殊的學識，但多數是不得不招攬入閣的，因為他們在閣外會製造擾亂。只有把他們牽連在每一項決策裡，才可以封住他們反對的口。由於新成員一個接著一個地被帶了進來，內閣成員的總數迅速地由十名增加到二十名。處在這第三階段的內閣，已經出現相當多的缺點。

最明顯的缺點是，很難在同一時間和地點把這些人召集在一起。一個成員在十八日出國，另一個則非到二十日不回，第三個每逢星期二總是沒有空，第四個在下午五時以前絕不出席。

這些只是麻煩的開端。因為，一旦多數人會合在一起，極大可能都是些老態龍鍾、疲憊不堪、聽覺不靈者或聾子。這些成員很少是因為他們的貢獻而入閣的，大多數人入閣，可能只是為了討好某些外面的利益集團。

然而，這些受操縱的成員越是堅持本集團的利益，其他的集團就越理直氣壯地要求委派自己的代表入閣。於是，人們繼續尋求透過增加閣員來獲取權力。二十個人的總數已經達到，並且超過。結果，內閣突然間進入最後的發展階段。

在這個階段，內閣的發展遭受突如其來的變化。

首先，舉足輕重的那五個人已經事先會晤過，並且制訂了決策，沒有什麼留下來給象徵式的閣員做的，所以他們不反對委員會人數的擴大。

其次，更多的成員不見得會浪費更多的時間，因為，整個會議就是在浪費時間。這樣一來，透過接受外面集團的代表入閣，委員會可以暫時緩和他們的壓力。

可是經過數十年的時間，他們才發現所謂的利益是如何的虛幻。

隨著閣門大開，閣員的人數由二十名增加到三十名，由三十名增加到四十名……成員的人數最終很可能會達到千人之眾。

對英國內閣制的研究顯示，內閣人數超過二十或二十一名時，就會失去效率。皇室理事會、國王理事會和樞密院在開始走下坡時，其人數都超過二十名，至於那些有更多人數的委員會則早已大權旁落了。

現在大家都知道人數超過二十名時，一個會議就會變質。坐在會議桌旁的委員們，開始交頭接耳地談起話來。

為了使對方聽到自己的聲音，發言者不得不站起來。一旦站起來，他就情不自禁地長篇大論：「主席先生，我想我可以毫不猶疑地宣稱，根據我二十五年的經驗，我們應該以……主席先生，我們肩負重擔，而至少我……」

就在這位仁兄喋喋不休地胡說時，其他人卻忙著在桌下交換字條——「明天跟我一同吃午餐，好嗎？」，「到時再決定吧！」——除此之外，他們又能做些什麼呢？

那個發言者極可能是在說夢話，只是他的聲音沒完沒了地嗡嗡作響。該委員會已經無關緊要，它早已完蛋，無藥可救了。

9 唇槍舌劍，實乃演戲

自小從集體遊戲中長大的英國人，抱著一種人棄我取的精神進入下議院。他們既然不善於打高爾夫球或網球，至少可以把政治看成是具有類似規則的一種遊戲。要不是這種想法，國會就不會引起太多人的興趣。

所以，英國人的本能是組織互相對抗的兩個隊伍，加上裁判員和巡邊員，讓雙方唇槍舌劍地辯論，直到他們精疲力竭為止。

此外，下議院的組織也會迫使每一個議員不得不支持某一邊，而通常，這些議員連論點是什麼，甚至辯論的主題是什麼都不清楚。他們從小的訓練就是為本隊賣命，這樣也為他們省下了任何過度的精神負擔。

如果發言者是本黨同僚，他可以放心地高叫：「聽啊，聽啊！說得好，說得妙！」如果發言者是反對黨議員，他可以毫不猶疑地喊：「可恥！」或「嗚」起來。過了一會兒，他可能會停下來問一問鄰座的同僚，究竟在辯論些什麼。

不過，他大可不必這樣做，因為他明知，無論如何都不能把球踢進自家門裡去。坐在對方的議員沒有一樣可取，他們的論調簡直是胡說八道；而自己這邊的同僚無不個個都有政治家的風度和才幹，而且他們的言論都是卓越智慧，雄辯和穩健涵養的結晶。

所以，英國的議會制度完全依賴其座位安排：如果議員們不是對面而坐，那麼沒有人可以分辨誰是誰非，除非他認認真真地從頭聽到尾。然而從頭聽到尾是很荒唐的，因為多半的發言者都在胡言亂語。

在法國，最初議會讓議員們圍成半圓形而坐，大家都面對著主席。混亂的結果是可以想象的，沒有一個真正的反對黨可以形成，而且沒有一個人能分辨誰的論點比較有說服力。他們不把議員分成兩個陣營，使一邊是「對」的，一邊是「錯」的，在這種混亂的情況下，一場比賽甚至無法開球。

現在，不僅是英國的議會，那些國際性的、全國性的或地方性的大小會議，座位的安排也都是極端重要的。

圓桌和方桌會議是完全不同的兩件事，長桌會議又有其特點。這些差別，不但影響了討論的時間、長度和辯論的激烈程度，也影響到應該達到什麼決議。

但我們知道，選舉的結果很少跟事件本身的優缺點有關係。

最終的決定受各種因素的影響，尤其值得注意的是，選舉的最後結果很可能被「騎牆派」分子的選票所左右。而這裡所說的「騎牆派」是指：看不懂開會文件的人，愚蠢到根本無法領會會議內容的人，聾子，在清晨一兩點鐘還喝得酩酊大醉、帶著劇烈頭痛出席的人，虛弱的老人。

為了爭取「騎牆派」的選票，某些集團會分派自己的忠貞分子來左右這些「騎牆派」人物。通常，這些忠貞分子一開始會和上述各種的「騎牆派」人物搭訕，在這初步的搭訕裡，忠貞分子會儘量地避免提到就要辯論的主題。

如果這些開場白表演得逼真，每一個忠貞分子將跟騎牆人物開始一回生動的交談。他會把「騎牆派」人物半推半拉地帶向會場前面。當他這樣做的時候，另一個忠貞分子會故意走在這兩個人的前面，向另一個方向移動。

讓我們舉一個具體的例子，說明這場戲法是怎麼逼真地表演的：

假設忠貞分子張三，正在把一個騎牆人物老五，朝前方的一個座位帶去，而在他們兩個人的前面是另一個忠貞分子李四，他已經坐在前面的一個座位上，假裝不知道後面有兩個人跟著他。他把頭轉向相反的方向，跟一個在遠處的人招手，然後，裝模作樣地把身體傾向前面，跟前面的人說幾句話。

一直等到老五被張三引到前面的座位坐下來了，他才立刻轉向他，很意外似地說：「我的好朋友，真高興見到你！」再過一會，他才把視線轉移到張三，以裝得很像的表情，突然問：「喂，老張，沒想到你也來了。」就這樣，委員們的座位次序被安排得完全偶然、巧合和友善的樣子。第一場戲就此告一段落。

第二階段的戲法是根據所要影響的人的個性，隨機應變。

就以老五的情況來說，要避免跟他討論會議所要辯論的主題，從而給他造成事情已經有所決定的印象。由於老五坐在前面，不大容易看到其他的委員，也就無法跟他們討論。

張三開口了：「說實在的，我不知道為什麼我自己會來出席。我想第四項議程已經決定了，我所碰到的同事都已經打定主意，投票贊成（或反對，視情況而定）。」

李四接著說：「真巧，我也這麼想，這個問題沒有討論的任何必要了。」

「我自己還沒有拿定主意，」張三繼續道，「兩邊都可以，公說公有理、婆說婆有理地爭論不休。不過反對它，實在是白費時間。你覺得如何，老五？」

「這個嘛──」老五遲疑地說，「我承認我對這個問題感到莫名其妙。一方面，這個動議是值得支援的，至於反對嘛，你看會獲得透過嗎？」

「親愛的老五，我贊成你對這個問題的看法。你剛才說過，大家都對這個問題有了一致的看法。」

「喔，是嗎？好吧！看來多數人是這樣想的，或者我應該說……」

「謝謝您的意見，老五，」不等老五說完，李四搶著說，「我也是這樣想的。不過我特別高興我們的看法能夠相同，我最尊重您的意見。」

就在李四影響老五想法的同時，張三正轉身與後排的一個人說話。其實他所說的只是：「你的太太現在怎麼樣了，她出院了嗎？」可是當他轉身時，居然聲稱坐在背後的人也都一致同意他對這個問題的看法。

如果整個戲法演得順利，這個動議實際上等於已經透過了。

當對方的委員們正忙著準備演講詞或修飾議案時，這邊的人卻以超然的手法，每兩個忠貞分子左右著一個騎牆人物。

到了投票時間，左右兩邊一舉手，中央的騎牆派也就成了它的支持者了！

在影響了「騎牆派」人物後，某個派別就不難以多數票透過或推翻某項動議。

由此，我們可以知道：幾乎所有爭論性的事件交由所謂代表民意的代表來決定時，起決定性作用的是「騎牆派」人物的選票。

10 帕金森定律發生作用的條件

帕金森對於機構人員膨脹的原因及後果作了精彩的闡述，但機構膨脹的問題又該如何解決呢？

「植物學家的任務不是去除雜草，他只要能夠告訴我們，野草生長得有多麼快，就萬事大吉了。」這就是帕金森教授給我們的答案。

如果這是一個不治之症，社會豈不是將一天天衰敗下去，企業豈不是要一天天蕭條下去？

要尋找解決之道，首要的前提在於弄懂這個定律。所謂定律，無非是對事物發展的客觀規律的闡釋，而規律總是在一定條件下起作用的。

那麼，「帕金森定律」發生作用的條件有哪些呢？

首先，必須要有一個團體，這個團體必須有其內部運作的活動方式，其中管理佔據一定的位置。這樣的團體很多，大的來講，各種行政部門；小的來講，只有一個老闆和一個雇員的小公司。

其次，尋找助手的領導者本身不具有權力的壟斷性，對他而言，權力可能會因為做錯某事或者其他的原因而輕易喪失。

第三，這位「領導者」對他的工作來說是不稱職的，如果稱職就不必尋找助手。

這三個條件缺一不可，缺少任何一項，就意味著「帕金森定律」會失靈。可見，只有在一個權力非壟斷的二流領導管理的團體中，「帕金森定律」才起作用。

那麼，在一個沒有管理職能的團體——比如興趣小組之類，不存在「帕金森定律」描述的可怕頑症；一個擁有絕對權力的人，他不害怕別人攫取權力，也不會去找比他還平庸的人做助手；一個能夠承擔自己工作的人，也沒有必要找一個助手。

11 解決帕金森定律的關鍵

那麼「帕金森定律」的癥結究竟在什麼地方呢？

權力的危機感，正是這種危機感產生了可怕的機構人員膨脹的帕金森現象。

恩格斯曾說過：「自從階級社會產生以來，人的惡劣的情欲、貪欲和權欲就成為歷史發展的槓桿。」

人作為社會性和動物性的複合體，因利而為，是很正常的行為。假設他的既有利益受到威脅，那麼本能會告訴他，一定不能喪失這個既得利益。一個既得權力的擁有者，假如存在著權力危機，不會輕易讓出自己的權力，也不會輕易地給自己樹立一個對手。因此，他會選擇兩個不如自己的人作為助手，這種行為，無可譴責。

假設有一個企業主，公司的土地、產權全部屬於企業主所有。隨著企業規模的不斷擴大（這個公司有些名氣了），他現在越來越感到在管理上力不從心了。顯然，此時需要有人來協助他，於是企業主向各種媒體發了徵聘廣告。

應徵而來的人絡繹不絕，其中有位這樣的人才：在美國一所著名的大學讀完了ＭＢＡ課程，而且有長達十年的管理經驗（姑且不論他為何來這樣企業的原因，假設就是自己願意來這裡效力），業績良好，顯然是十分理想的人選。

這個企業主會不會聘任他呢？

這個老闆可能會想：公司的土地是我的，所有的產權都是我的，這就意味著這個人來我這裡是「無產階級」，他純粹是為我工作，做得好我可以繼續留他，給他很高的待遇，做得不好我可以辭退他，無論他如何出色和賣力地工作，他都不能坐我的位置，老闆永遠是我。

一番盤算以後，這個高智商、高素質、高能力的人才留了下來。這位老闆可以說是完全不受「帕金森定律」的影響。

接著，這個企業繼續發展，企業經營取得重大突破，業務範圍擴大了，新的問題層出不窮。這時，高材生由於所學已經過時，又沒有很好地「充電」，感到越來越力不從心了。於是，他向各種媒體發出徵聘廣告，各種人才絡繹不絕湧來。

在這些應聘者中，老闆比較看重其中兩位：一個是某名牌大學的公共管理專業剛剛畢業的研究生，寫了很多的文章，理論功底極為深厚，實務經驗卻非常匱乏；另一個頗有實務家的手腕和魄力，擁有先進的管理觀念和多年操作經驗。

老闆拿不定主意，叫他選擇，這時他盤算了一下。最後，他選擇了那個剛走出校門的研究生。

可見，要想解決「帕金森定律」的癥結，就必須把用人權放在一個公正、公開、平等、科學、合理的用人制度上，不受人為因素的干擾。最需要注意的是，不要將「用人權」放在一個被招聘者的直接上司手裡。

恩格斯曾說過：「自從階級社會產生以來，人的惡劣的情欲、貪欲和權欲就成為歷史發展的槓桿。」

第二條、華盛頓合作定律

一個人敷衍了事，兩個人互相推諉，三個人則永無成事之日。所以中國版的「三個和尚」的故事就變成美國版的「華盛頓合作定律」

第二條、華盛頓合作定律

一個人敷衍了事，兩個人互相推諉，三個人則永無成事之日。

1 華盛頓合作定律

聰明的美國人喜歡把簡單的道理總結成定律，所以中國版的「三個和尚」的故事就變成美國版的「華盛頓合作定律」：一個人敷衍了事，兩個人互相推諉，三個人則永無成事之日。

釣過螃蟹的人或許都知道，簍子中放一群螃蟹，不必蓋上蓋子，螃蟹是爬不出來的。因為只要有一隻想往上爬，其他螃蟹便會紛紛攀附在它的身上，把它也拉下來，最後沒有一隻能夠出去。

與此類似的是邦尼人力定律：「一個人一分鐘可以挖一個洞，六十個人一秒鐘挖不了一個洞。」

人與人的合作不是力氣的簡單相加，其中的關係要微妙和複雜得多。在人與人的合作中，假定每個人的能量都為一，那麼十個人的能量可能比十大得多，也可能甚至比一還小。因為人的合作不是靜止的，它更像方向各異的能量，互相推動時自然事半功倍，相互抵觸時則一事無成。

合作是一個問題，如何合作也是一個問題。企業裡常會有一些人，嫉妒別人的成就與傑出表現，天天想盡辦法進行破壞與打壓。如果企業不把這種人除去，久而久之，組織裡就只剩下一群互相牽制、毫無生產力的「螃蟹」。

2 解開華盛頓定律的面紗

一九六四年三月，在紐約的克尤公園發生了一起震驚全美的謀殺案。在凌晨三點的時候，一位年輕的酒吧女經理被一不相識的殺人狂殺死。作案時間長達半個小時，附近住戶中有三十八人看到或聽到女經理被刺的情況和反覆的呼救聲，但沒有一個人出來保護她，也沒有一個人及時給警察打電話。

事後，美國大小媒體同聲譴責紐約人的異化與冷漠。

然而，兩位年輕的心理學家——巴利與拉塔內並沒有認同這些說法。對於旁觀者們的無動於衷，他們認為還有更好的解釋。為了證明自己的假設，他們專門為此進行了一項試驗。

他們尋找了七十二名不知真相的參與者與一名假扮的癲癇病患者參加試驗，讓他們以一對一或四對一兩種方式，保持遠距離聯繫，相互間只使用對講機通話。事後的統計資料出現了很有意思的一幕：在交談過程中，當假病人大呼救命時，在一對一通話的那組，有85％的人衝出工作間去報告有人發病；而在四個人同時聽到假病人呼救的那組，只有31％的人採取了行動！

透過這個試驗，人們對克尤公園現象有了令人信服的社會心理學解釋，兩位心理學家把它叫做「旁觀者介入緊急事態的社會抑制」，更簡單地說，就是「旁觀者效應」。他們認為：在出現緊急情況時，正是因為有其他的目擊者在場，才使得每一位旁觀者都無動於衷，旁觀者可能更多的是在看其他觀察者的反應。

用這個效應再來看一下媒體經常報導的「小孩落水事件」。

旁觀者甲本想下水救人，又有些猶豫，他在看其他目擊者乙、丙等人的反應。轉念一想：「這麼多人都看到小孩子落水，總會有幾位下去救險的，自己就不下去吧。」

猶豫之間，小孩子被水吞沒了。居然沒人下水，甲不禁心裡有些內疚。再一想，要責怪，要內疚，要負責任，也是和乙、丙等數十人分擔，沒什麼大不了的。於是，他走開了。

就這樣，一樁樁旁觀者眾多，卻「見死不救」的事件產生了。這種現象產生的原因之一，正在於「旁觀者效應」，與人們一般以為的世態炎涼、人心不古之類的社會氛圍或看客的冷漠等集體性格缺陷沒有太大關係。

如果把拯救酒吧女經理、解救小孩落水當成旁觀者的一次合作，那麼合作失敗的最根本原因就在於「旁觀者效應」，眾多的旁觀者分散了每個人應該負有的解救責任。因此，社會學家認為責任不清是華盛頓定律產生的最主要原因。

3 使每個人都知道該做什麼

既然人們互相拖累，敷衍了事的主要原因是責任分配不明確，那麼試問，三個和尚如果進行明確的分工，確定每個人都應該做什麼，還會有人敷衍了事嗎？

太多的故事告訴我們，進行明確的分工是對付「南郭先生」的最好辦法，因為明確的分工能使大家輕易地看出誰在敷衍了事，誰在互相推諉。

對一個組織來說，進行詳細的職務設計是絕對必要的，只有讓每個人都知道自己該做什麼，才能遏制「華盛頓合作現象」的發生。

假如你透過顯微鏡觀察一個組織，你會發現它是由成千上萬個任務構成的，這些任務可以組合為職務。組織中人們所承擔的職務並不是隨機確定的，管理層應當對職務進行有意識的設計安排，以反映組織技術的要求以及工作人員的技巧、能力和偏好。只有這樣做了，才能充分發揮員工生產的潛力。

在各種各樣的職務中，有些職務以團隊的方式進行可以取得很好的效果；而另一些職務，讓個人單獨去做效果會更好。

4 加強內部的交流和溝通

人們發現，組織內部的勾心鬥角很大一部分是由於缺乏溝通所致，溝通流暢會帶來效率的提高、士氣的高漲，而溝通不暢只會使人們心懷鬼胎，各自算計。

對於溝通障礙，人們應該如何克服呢？以下的建議將幫助你使溝通更為有效。

(1)運用反饋：

很多溝通問題是直接由於誤解或不準確造成的。如果管理者在溝透過程中使用反饋回路，則會減少這些問題的發生。這裡的反饋可以是語言的，也可以是非語言的。

當管理者問接受者：「你明白我的話了嗎？」所得到的答覆代表著反饋。但反饋不僅僅包括是或否的回答。為了核實資訊是否按原有意圖被接受，管理者可以詢問有關該資訊的一系列問題。

但最好的辦法是，讓接受者用自己的話複述資訊。如果管理者聽到的複述正如本意，可增強理解與精確性。

反饋還包括比直接提問和對資訊進行概括更精細的方法。綜合評論可以使管理者了解接受者對資訊的反應。另外，績效評估，薪金核查以及晉升都是反饋的重要形式。

當然，反饋不必一定以語言的方式表達，行動有時比語言更為明確。比如，銷售主管要求所有下屬必須填好上月的銷售報告，當有人未能按期上交此報告時，管理者就得到了反饋。這一反饋證實銷售主管對自己的指令應該闡述得更清楚。

同理，當你面對一群人演講時，你總在觀察他們的眼睛及其他非語言線索以瞭解他們是否在接受你的資訊。

(2)簡化語言：

由於語言可能成為溝通障礙，因此管理者應該選擇措辭並組織資訊，以使資訊清楚明確，易於接受者理解。管理者不僅需要簡化語言，還要考慮到資訊所指向的聽眾，使所用的語言適合於接受者。

記住，有效的溝通不僅需要資訊被接收，而且需要資訊被理解。透過簡化語言並注意使用與聽眾一致的語言方式可以提高理解效果。比如，醫院的管理者在溝通時應儘量使用清晰易懂的辭彙，並且，對醫務人員傳遞資訊時所用的語言，應和對辦公室工作人員不同。

在所有人都理解其意義的群體內，行話會使溝通十分便利，但在本群體之外使用行話則會造成無窮問題。

與前面反饋的討論一致，在傳遞重要資訊時，為了使語言問題造成的不利影響減少到最低程度，可以先把資訊告訴不熟悉這一內容的人。比如，在正式溝通之前讓接受者閱讀演講詞是一種十分有效的手段，它有助於確認含混的術語、不清楚的假設或不連續的邏輯思維。

(3)積極傾聽：

當別人說話時，我們在聽，但很多情況下我們並不是在傾聽。傾聽是對資訊進行積極主動的搜尋，而單純的聽則是被動的。在傾聽時，接受者和發送者都在思考。

在我們之中的不少人並不是好聽眾。為什麼？因為做到這一點很困難，而且常常當個體有主動性時才會做得更為有效。事實上，積極傾聽常常比說話更容易引起疲勞，因為它要求腦力的投入，要求集中全部注意力。

我們說話的速度是平均每分鐘一百五十個辭彙，而傾聽的能力是每分鐘可接受將近一千個詞彙。二者之間的差值顯然留給了大腦充足的時間，使其有機會神遊四方。

透過發展與發送者的移情，也就是讓自己處於發送者的位置，可以提高積極傾聽的效果。不同的發送者在態度、興趣、需求和期望方面各有不同，因此移情更易於理解資訊的真正內涵。

一個移情的聽眾並不急於對資訊的內容進行判定，而是先認真聆聽他人所說，這使得信息不會因為過早而得出不成熟的判斷或解釋而失真，從而提高了自己獲得資訊完整意義的能力。

正是由於人們帶著情緒進行交流，所以我們經常因為彼此的語言造成的誤會而導致彼此不合。如果認為管理者總是以完全理性化的方式進行溝通，那太天真了。我們知道情緒能使資訊的傳遞嚴重受阻或失真。

當管理者對某件事十分失望時，很可能會對所接受的資訊發生誤解，並在表述自己的信息時不夠清晰和準確。那麼管理者應該如何行事呢？最簡單的辦

法就是暫停進一步的溝通，直至恢復平靜。

5 挑戰辦公室政治

任何一種團體，都免不了存在著勾心鬥角的現象，這種現象有一個很文雅的名稱——「辦公室政治」。顯然，「辦公室政治」是引起內耗的主要原因，是華盛頓定律的最直接表現！

當你必須和一群要求高、反應敏銳、主觀意識強烈的人一塊兒工作時，「辦公室政治」是絕對無法避免的。而你的挑戰，便是找出能讓你應付自如、樂在其中的辦法。

如何對付辦公室政治，貝爾曼對那些在公司組織底層、無法說話算話的人，提供了很好的建議：

(1)事先評估你的工作可能引發的「政治效應」，並做好準備。

政治是無所不在的，因此，千萬別天真地認為，你的上司只會從工作品質來評價你的表現。對於那些手握生殺大權的人，你也必須花點心思。

一位領班曾經領悟到這麼做的好處。他知道，他的上司對於他的能力懷有戒心，因此他總是把重要的工作交給別人，這一來，他和這些工作就完全沒有瓜葛。雖然這讓別人得到一些表現的機會，但也使得他自己的工作總能順利完成。

(2)事先評估自己「玩辦公室政治」的能力。

羅傑斯有首歌唱出了其中的精髓：「知道什麼時候該擁抱，知道什麼時候該收手，知道什麼時候該改變。」

任何一位職場高手都會告訴你：「要知道自己能力的極限，玩不起，只能躲得起了。」

6 謹防小人作亂

「華盛頓合作定律」的現象之所以發生，並不是組織中沒有一個好員工，也不是每個人都喜歡相互推託、敷衍了事，也許問題的關鍵就出在一兩個小人身上。

小人能量大。一個很好的組織，有一兩個小人拼命一攪，或到上級部門告狀，或在下面公開搗亂，輕者能使功變為過，使好人變為灰溜溜、心灰意冷的人，使一個好企業變為糟糕的企業，重者能把一個好端端的人或企業徹底毀掉。

誰沒有聽過這種小人魔術？又有多少優秀分子被這種小人魔術耍弄過？

不管人們喜不喜歡「人治」，都無法否認管理者的個人因素對一個組織的決定性影響，換上一個好領導可能使一個糟糕的企業「起死回生」，撤掉一個好領導就可能使一個好企業「落花流水」。

既然可以靠「人治」，當然也可以「人亂」。小人攻擊的目標常常是那些對企業有「決定性影響」的人物。把治理企業有方的人整治一下，企業還能不亂嗎？

小人真有這麼厲害？

是的，一個小人的破壞力往往超過成百上千個好人的建設力。

好人怕惹事，而軟弱又助長邪惡，這些都有形無形、有意無意地縱容破壞力。不僅一般員工怕惹事，相當多的管理者也怕惹事。

出了事，有些管理者不先懷疑告狀的，不先責怪鬧事的，總是先埋怨被告，滿腔怒火全出在受害者身上。即便查清被告是冤枉的，也還是要說：「你惹他幹什麼？終究是無風不起浪，他抓不著你一點影子也不敢亂告。」

用一句中國的古語說，「寧得罪君子，不得罪小人」，先告狀就沾光，所以常常是惡人先告狀。

他們相信，要使自己發達，最容易的辦法就是讓另一些人倒楣。不損害別人的人，會經常受到損害，經常損害別人的人，自己倒很安全。

正如癌細胞不怕好肉，好肉懼怕癌細胞一樣，小人效應對人們的精神構成了極大的毒害。說真話最困難，說假話很容易。

十個人敘說同一件事會說成十種樣子。社會上真誠少了，歪理多了，一件事有多少人參與就有多少道理，誰的話都有理，唯獨真誠沒道理。

小人正是利用社會的虛偽，利用人們對壞事的好奇心，不斷製造「轟動效應」。好人說話做事講究人格，自尊自重，受社會的約束，也受自己的約束。

小人沒有人格，更沒有自尊自重的負擔，所以無拘無束，享受更多的自由。

在以好人為主的社會中，小人無形中成了特殊的享受優惠政策的群體。

7 卸掉每個人的包袱

每個人都在不斷累積、追憶、悔恨、內疚、怨恨、憤怒、成見，它們來自我們過去的生活，來自我們不愉快的記憶。這些都是無形的「包袱」，它消磨我們的鬥志，影響大家工作的效率。

這些「包袱」並不會因為我們的徹悟而停止累積，相反，它會與日俱增，並且讓我們的同事、朋友、家人越來越不快樂。

每天早上，由於沒有卸下包袱，往往會造成部分同事的不愉快。當然，這些都是微不足道的瑣事，只是你帶著這些包袱和同事們相處，就可能發生彼此的不悅。

也許，這也是導致大家在職場上爾虞我詐的真正原因。我們每個人都有包袱，也經常被別人的包袱絆倒。

比如，你和同事共同執行一個專案，你把自己份內的工作完成，卻惹來別人的不悅，他們故意拖延時間。或者，你支持某個同事的建議，卻引來另一位同事的不滿，只因為缺乏安全感的他，覺得自己受到了威脅。

職場的四周充滿了這樣的情緒包袱，沒有人能夠安然無恙地在職場閒走。事實上，很多時候你甚至懷疑，人們居然可以在這樣的環境下把工作完成。

「由於行李的外觀非常接近，請您在提領行李之後再確認一遍。」機場服務員這段廣播內容，你應該相當熟悉。這和我們在職場裡所面對的問題，其實大同小異：

你將會一遍一遍的，遇到「非常接近」的情緒包袱。以下是我們最常碰見的幾種包袱。

(1)憤憤不平者：在組織中往往有些人會因為升官不成而憤恨不已，或是被自己的孩子氣得發瘋，總而言之，「憤憤不平」和他如影隨形，改也改不了，這種人總是希望把自己的情緒往別人身上倒。

(2)事後諸葛亮：假如你有好的點子，你大可不必告訴這種人，他會告訴你，他早曉得可以這麼做；當你手中案子有麻煩，更別讓這種人知道，他會說，他早告訴過你會如此。

(3)拖延者：當你為了趕工期需要這種人的協助時，你將會發現，獲得這種人的協助，如同拔牙般痛苦不堪。就在你等待他、乞求他、催促他，乃至大喊大叫時，你完成工作的期限也悄然而至。

(4)敗事有餘者：往往會因為這種人的無能，害得你的工作一敗塗地。你把完成的工作交到他手上，接著你會發現，自己的心血被糟踏得體無完膚。

(5)內部奸細：當你拼了老命出色地完成一項工作時，團隊中的內奸會使你的一切心血付諸東流；當你操作一項秘密的計劃時，他也會把秘密弄得盡人皆知。內奸往往行動隱秘，你也不知道究竟是誰，卻只能眼睜睜地看著自己的努力灰飛煙滅。

處理這一類的問題，就像在沒繫好安全帶的情況下遇上了亂流，毫無規律可循。所幸，還是有一些方法，可以讓飛機平穩地穿過亂流。只要你保持冷靜，「先謀而後動」，或許能將碰壁的機率降到最低，以下是專家的幾點建議：

(1)找出辦公室裡的包袱專家，就像在機場有許多專門處理行李的專家一樣，許多公司裡也有不少解決情緒包袱的專家。這些人可能是總經理、接待或行政助理，他們必須和各路人馬互動，因此也最瞭解每個人的習慣。

(2)幫助同事解決包袱問題，不管你多麼不願意，都儘量找時間，聽聽他們的想法，關心他們的問題。不過，別花太多時間。只要他們感覺到你是「自己人」，就不會將情緒包袱往你頭上砸。

(3)直接面對自己看不順眼的人，將問題開誠佈公地說清楚。

(4)找出影響你同事的情緒包袱，千萬別掉入同事的情緒包袱中，找出方法，然後處理它們，讓自己受的傷害減至最低。

8 勇敢地說抱歉

把工作搞砸是件糟糕的事，而這個搞砸的人如果是你就更加糟糕了。一個犯錯誤的人不但得為後果負責，而且還得面對因你的差錯而受連累的人，包括你的同事。

那麼，你唯一的選擇就是：誠懇地道歉。從來沒有人認為挨罵很愉快，也沒有人喜歡向別人道歉。然而，這是解除你心中不安的唯一辦法，也是顯示你負責態度的唯一方式，更是重建人際關係的唯一通道。

要注意的是：好好表達你的歉意，博取同事的尊敬，而不是鄙視。下面提供一些道歉的秘訣，教你如何有建設性地說「對不起」。

(1)把你的錯誤說出來，並且主動承擔這個錯誤所造成的後果。暫且收起平常的推託和交際手腕，你必須讓對方知道，你不但口頭上承認了這個錯誤，心裡也知道是自己錯了。這可能是簡單的一句話，如「我把事情搞砸了」或是「在我簽合約之前，我應該先來徵詢你的意見」等等。

(2)讓對方知道，你完全瞭解這個錯誤給對方造成的影響。告訴對方你曾設身處地地想過，並能充分體會他的感受；告訴他，你心裡明白這個錯誤會帶給他多少額外的麻煩，而且願意和他一起解決。

(3)向對方解釋你這麼做的原因，道歉時最容易擦槍走火的一種狀況是：對方以為你的解釋是在推卸責任。

(4)誠懇地向對方表達你的歉意，你必須用正確的措詞，以及正確的表達方式。舉例來說，邊走邊說、用電子郵件、透過第三者傳話等都不是很正確的方法。

9 處理好上下級關係

如果你是一名下屬，那確實非常不幸，你肯定要適應你的上司，把「華盛頓定律」的可怕影響降到最低。

如果我們的每個上司都賢明公正，那真是求之不得。可惜，事實常常並非如此，現實的做法是了解每個上司的風格，並找到相應的解決辦法。

你一定看到過像暴君似的上司，他們習慣頤指氣使，要求每個人都言聽計從，並且時有仗勢欺人之舉，而你一旦有什麼錯誤被他抓住，就只能乞求老天保佑了。

對這種上司，逃避是無用的，反抗往往會把事情弄得更糟，下面的一些策略能幫助你對付「瘋狂上司」或其他讓你「發瘋」的人：

(1)不讓你的情緒受到上司的影響：如果你將所有的情緒雞蛋都放在他或她的籃子裡，你簡直是在自找麻煩。試著學習從達成任務本身獲得滿足感，而且不要太看重上司的評價。

(2)把工作僅當成是一份工作而已：很多人因為工作的不順而產生不良的情緒，他們甚至把這種情緒帶到家庭和生活中。因此，你最好在下班以後就讓你的工作見鬼去吧！

(3)讓自己更加冷靜：每一次當你和上司發生爭執，他或她一定是獲勝的一方。你若想反敗為勝，最好讓自己保持冷靜，用具體事實來支持你的主張。

(4)看穿暴君的心思：每一個仗勢欺人上司背後，都有弱點，聰明的下屬會掌握這些弱點，並善加利用。

工作中你也許會遇到一種「變色龍」上司，當你向他提出一項好建議時，他會立即表示「百分之一千」支持你的計劃，甚至把他堅決支持的方面都點出來。

「不管發生什麼變化，我都會堅定地站在你這一邊！」不用說，這種支持讓你放心，於是你拼了命地工作，以為從此會一帆風順！

但當他的上司發現這個計劃並開始過問之後，一切都完全改觀。你無法想象，當別人開始有不同意見的時候，這牆頭草見風轉舵的速度有多快。突然間，整個計劃被取消，而你被分派負責另一項「重要」的職位——每天檢查廁所。

告別了「一帆風順」後，「愁雲慘霧」在前面等你。

這也許是你第一次遇到這種「變色龍」上司，但絕不會是最後一次。為了保護自己，你必須學會如何對付他們。方法就是「往下挖」，這就是對付變臉上司的訣竅。

舉例來說，剛剛提到的這位「變臉上司」經常根據「管理高層要什麼」來做事。你要做的其實很簡單：只要在投入一項計劃之前，徵詢「上上級那些人」的意見，然後再向這位「變臉上司」解釋「上上級」認同這項計劃的原因，通常，這位上司都會點頭接受。其實抬出「上上級」這招，比想像的簡單。

與「變色龍」相比，非常固執的上司顯得更加難以對付，因為每當有人向他提出新點子，都會被他大潑冷水。

遇到這樣的上司，下屬除了自歎命苦，也就只能盡力投其所好、言聽計從了。這也並不保險，因為這位上司有時竟然連自己的想法都照樣推翻！

除了上面這三種上司之外，還有一種上司也很糟，這類上司就算眼前的電腦著了火，也不會急著去打「一一九」。這傢伙簡直可以當「核廢料場」——任何東西到了他那裡，都會石沉大海，有去無回。

和一個無法變化、沒有彈性的上司相處，不是件簡單的事。有時候，讓他改變的最好辦法，就是求助於公司裡的其他部門。你不一定要做得像是在打小報告或越級投訴，但如果能找到一位讓你上司尊敬的人，為你的想法，而不是為你自己美言幾句，或許能有些轉機。

應付這種「固執」上司的另一個方法，就是接受他的意見，讓它漸漸成為你自己的想法。剛開始，你可以表示支持他。告訴他，你正試著執行他的主張。一旦他知道你支持他，他就可能放鬆對你的限制。接著，你可以一步一步地，加入你的想法，讓他知道，你這麼做是為了強化他的主張，讓他的想法可以成功實現。

當然，這並不是完美的狀況。如果你能同時享有充分的發言權，又能讓自己的想法獲得應有的重視，無疑是最理想的。

但現實的情況是：你和你的上司——不管他是善變型或一成不變型——並不處於平等的地位，他的權力比你大，說話當然也比你大聲。不過，如果你能時時注意這幾點，或許會有意想不到的結果。

如果你很幸運是一個上司，那麼處理好你與下級的關係就顯得更為重要了，因為可怕的內耗直接關係到你的前程！

在一家公司，有一位叫彼得的中層經理負責一個五十二人的部門，他採取的是「鐵腕式管理」。因為他總是擔心，如果在電梯裡遇到上司問他有關某一位部屬的情形時，他會答不出來。為了確保這種情況不會發生，彼得只讓部屬做他能掌握的工作，不允許部屬提出新觀點，嘗試新方法。結果如何呢？

他的部屬們不再「自動自發」，曾經滿肚子好點子，曾經積極想把工作做好的人，都成了行屍走肉。彼得像高速公路上的收費通道，不管部屬有多強的馬力，都會讓他們緩下來。

如果彼得給部屬們加油，而不是吝嗇付出支持，替部屬清除路上的障礙，而不是擋在他們前面，把重點放在終點線，而不是過程中的瑣碎細節，那麼彼得將會很快因為部門的成績而得到提升。然而，他並沒有這麼做。

一個聰明的上司將能把部屬的潛力最大、最全面地發揮，下面是幾種比較適用的方法。

(1)給下屬足夠的「燃料」。一位剛剛獲得律師資格的年輕人抱怨，他工作的法律事務所，往往不懷好意地只提供給他片面資訊，讓他看起來像個完全無法勝任工作的笨蛋。假如事務所願意給他多一點資訊，他一定能按照他們的要求完成任務；而如果事務所提供的資訊不足，他便得自己想辦法猜。結果，事務所那些人提供的資訊，正好足以讓他出醜。

千萬別對你的部屬犯這樣的錯誤，經常問他們是否得到了足夠的資訊和資源，然後提供他們所需要的一切。

(2)替下屬清除前方的障礙。管理「大師中的大師」愛德華・戴明說，企業面對的問題當中，有94%是來自「制度」，而不是人。

在制度方面，你能為部屬做些什麼呢？

你不妨先試著從他們的觀點來觀察制度，有哪些行政程式害得他們手忙腳亂？你應該怎麼做，以節省他們的時間和力氣？簡言之，你如何運用自己的權力，使他們的生產力更高？

(3)當下屬完成任務時，給予他們必要的獎勵。或許你會說把工作完成，就是最好的獎勵。若是如此，為什麼那些大牌經理人每年可以拿到高得嚇人的獎金，而他的部屬們卻只能從工作中得到滿足？

設法為你的部屬提供一些實用的獎勵方式，包括：現金、配股、休假和升遷等。例如，在自己的部門裡設立一套獎金制度，或者利用年度預算中沒有用完的部分，推出部門內部的「利潤共享計劃」。

10 讓每個人知道目標

今天，很多人正面臨「期望落差」：許多主管不直接把自己的期望告訴部屬，卻期待部屬自己能夠去體會。但部屬可以看出你的情緒，可以看懂你的指令，卻不可能知道你在想什麼。

因此，你最好實際些，每一次交代任務時，記得把你對目標和進度的要求說清楚。

下面是企業管理界一個知名的案例：

某知名管理顧問接到H公司李總的求助電話之後，猶豫了很久。李總是他的好友，自然不便推託。但H公司的現狀確實很棘手，組織結構、管理制度、人力資源、市場行銷……問題一大堆。

這位顧問心想：「該從何處入手呢？」因為與H公司接觸過幾次，他知道公司決策層的做法還是「摸著石頭過河。」於是，老總摸石頭，員工們也摸石頭，手忙腳亂卻摸不著石頭。

所以，他提議首先改變操作層面上的混亂狀態。於是，他讓所有的員工玩一種遊戲。首先，把在場的員工分成兩組，然後讓A組的每個成員從一疊撲克牌中選取最好看的兩張；請B組每人選取兩張紅心，並對點數作了明確的要求。最後，兩組人員把各自的牌都亮了出來，出現了下面的結果：

A組：黑桃2、方塊A、黑桃8、梅花Q、紅心3……

B組：紅心A、紅心K、紅心Q、紅心J、紅心10……

「發現問題了嗎？」他問李總。

李總仍然迷惑不解，要求解釋。

「兩組的結果是完全不同的，A組是一副雜牌，B組卻是一手紅心同花順。對於A組我沒有明確的指令，所以A組的人都按照各自不同的審美觀來選牌。但很顯然，他們每個人的做法都是一種個人行為。個人行為與個人行為混合在一起叫什麼？只能叫『烏合之眾』。再看看B組，清一色的同花順，這才是組織行為。」

這時，李總輕輕「喔」了一聲。

他繼續說：「你能拿一副雜牌去打敗對手的同花順嗎？當然不能。如果公司的管理現狀不及時改變的話，恕我直言，恐怕會印證『以亂攻治者亡』這句哲言。」現在H公司處於A組的混亂狀態，這不是員工的過錯，而是管理層有問題。

如果一個企業想要得到一副「同花順」，必須達到兩個條件：第一，決策層一定要思路清晰；第二，要給員工發出明確的指令。否則，員工們會茫然失措而自行其是。

11 建立互相合作的文化

在《聖經》中，摩西的岳父曾叮囑過摩西：「你這樣做是不行的，你會累垮的。你承擔的事情太繁重，光靠你個人是無法完成的。你應當從百姓中挑選有才幹的人，封他們做千夫長、百夫長、五十夫長和十夫長，讓他們審理百姓的各種案件。凡是大事呈報到你這裡，所有的小事由他們去裁決，他們會替你分擔許多容易處理的瑣事。如果你能這樣做事，這是上帝的旨意，那麼你就能在位長久，所有的百姓也將安居樂業。」

在傳統的管理理論中，對合作的研究並不多，大多數的管理制度都致力於如何減少人力的無謂消耗，而非如何提高組織的效能。換言之，不妨說管理的主要目的不是讓每個人做得最好，而是避免內耗過多。

但人類是一種群居的動物，自然要有群體歸屬感。如果自己的行為和群體相同，我們本能上就會覺得放心，如果和群體不同，就會產生不安的感覺。因此，人類更多的是群體合作行為。在人類的漫長歷史中，人們透過群體合作渡過了一個又一個的災難。

當眾人同心協力地完成某件事情的時候，每一個參與者都會感到自豪，都能體會到合作的樂趣，甚至找到長期的朋友和夥伴。所以，相互合作的文化成了人類文明不可或缺的一部分。

建立互相合作的文化，有其外在的表現形式，有人認為用穿制服之類的手段來強調「團體性」有一點本末倒置的意味，其實不然，因為外在的整齊，可能會影響到內在的心情。

所以，即使你還不習慣企業人的穿著風格，也請你把自己喜歡的服裝保留在假日。穿著制服到公司上班，外表上會給別人較規範的感覺。

二十一世紀將是一個合作的時代，值得慶幸的是，越來越多的人已經認識到真誠合作的重要性，正在努力學習合作。

第三條、木桶定律

一隻木桶盛水的多少，並不取決於桶壁上最高的那塊木板，而恰恰取決於桶壁上最短的那塊木板。

第三條、木桶定律

一隻木桶盛水的多少，並不取決於桶壁上最高的那塊木板，而恰恰取決於桶壁上最短的那塊木板。

1 最長的不如最短的

眾所周知，一隻木桶盛水的多少，並不取決於桶壁上最高的那塊木塊，而恰恰取決於桶壁上最短的那塊木板。人們把這一規律總結為「木桶定律」或「木桶理論」。

根據這一核心內容，「木桶定律」還有三個推論：

其一，只有桶壁上的所有木板都足夠高，那木桶才能盛滿水；如果這個木桶裡有一塊木板不夠高，木桶裡的水就不可能是滿的。

其二，比最低木板高的所有木板的高出部分都是沒有意義的，高的越多、浪費越大。

其三，要想提高木桶的容量，就應該設法加高最低木板的高度，這是最有效也是唯一的途徑。

對這個理論，初聽時你或許會懷疑，最長的怎麼反而不如最短的？繼而就會表示理解和贊同。確實，木桶盛水的多少，起決定性作用的不是最長的木板，而是那塊最短的木板，因為水的介面是與最短的木板平齊的。

與「木桶定律」相似的還有一個「鏈條定律」：一根鏈條跟它最薄弱的環節有著相同的強度，鏈條越長，就越薄弱。

你可以很容易地發現這兩者的共同之處，它們說的都是任何一個組織都可能面臨的問題：構成組織的各個部分往往是優劣不齊的，而劣質的部分往往又決定整個組織的水準。

「最短的木板」與「最弱的環節」都是組織中有用的一部分，只不過比其他部分稍差一些，你不能把它們當作爛蘋果扔掉。正如你可以清除一個屢屢犯錯的害群之馬，卻只能對辦公室隨處可見的浪費和低效率現象束手無策。

2 阿基里斯之踵

阿基里斯是希臘神話中最偉大的英雄之一。他的母親是一位女神，在他降生之初，女神為了使他長生不死，將他浸入冥河洗禮。阿基里斯從此刀槍不入，百毒不侵，只有一點除外——他的腳踵被提在女神手裡，未能浸入冥河，於是「阿基里斯之踵」就成了這位英雄的唯一弱點。

在漫長的特洛亞戰爭中，阿基里斯一直是希臘人的最勇敢的將領。他所向披靡，任何敵人見了他都會聞風而逃。

但是，再強大的英雄也有弱點。在十年戰爭快結束時，敵方的將領阿裡斯在眾神的示意下，抓住了阿基里斯的弱點，一箭射中他的腳踵，阿基里斯最終不治而亡。

自身或組織內部的薄弱之處就是我們的「阿基里斯之踵」。不管是一個英明的個人，或是一個健康的組織，都應該避免把最薄弱的地方暴露給對手。

想要完全克服最薄弱的環節是不可能的。按照木桶定律，我們的薄弱環節是必然存在的，而且永遠存在。一根鏈條總會有一節比其他的環節要薄弱一些，儘管它可能比另一根鏈條中的任何環節都強。強弱只是相對而言的，因此也是無法消除的。

問題在於，你容忍這種弱點到什麼程度。如果它已成為阻礙工作的瓶頸，你就不得不有所動作了。

所以你首先要確保你不是最短或最弱的那一部分，其次你還要避免或減少薄弱的環節影響你的成功。

木桶定律還提示我們，要想戰勝對手，首先必須要抓住對手的弱點。人們常說的打蛇打七寸，用的正是這個道理。

對於一個組織或者團隊來說，薄弱的部分最有可能被對手發現，從而在競爭中失利。因此，保護和加強「阿基里斯之踵」，就是一個組織或團隊在前進道路中不得不重視的一件事情。

3 木桶定律與團隊精神

談到木桶定律的應用，我們可以先對它所應用的對象做一個明確的分類。

木桶定律的應用對象，可以分為組織和個人兩種。這裡，我們將主要談到木桶定律與團隊精神，因為團隊精神是組織和個人共同努力的結果，團隊建設也是組織和個人互動的過程。

「木桶定律」可以啟發我們對團隊建設重要性的思考。

在一個團隊裡，決定這個團隊戰鬥力強弱的不是那個能力最強、表現最好的人，而恰恰是那個能力最弱、表現最差的落後者。

因為，最短的木板在對最長的木板起著限制和制約作用，決定了整個團隊的戰鬥力，影響了整個團隊的綜合實力。

也就是說，只有想法讓短板子達到長板子的高度，或者讓所有的板子維持「足夠高」的相等高度，才能完全發揮團隊作用。

說到木桶定律，我們就不得不談到系統的概念，因為木桶定律的現象正是系統現象中的一種。

木桶定律可以啟發我們對構成系統的各個要素的思考，比如一個生產流程、一種商業運作模式、一個組織系統中的各個要素。

可以想像，如果在生產中少了一個流程或是某個流程不合格，那麼生產出來的肯定是廢品。

就算是一道好菜，也要求添加的各種佐料必須都是最好的，否則這道菜燒出來就不那麼可口了。

「木桶定律」還告訴領導者，在管理過程中要下工夫針砭公司的薄弱環節，否則，公司的整體工作就會受到影響，人們常說「取長補短」，即取長的目的是為了補短，只取長而不補短，就很難提高工作的整體效應。

一個企業要想成為一個結實耐用的木桶，有一個方面是絕不容忽視的，那就是加強對每一個員工的教育和培訓。

我們以美國的惠普公司為例來說明這個問題。

惠普公司內部有一項關於管理規範的教育專案，僅僅是這一個培訓專案，每年研究經費就高達數百萬美元。他們不僅僅研究教育內容，而且還研究哪一種教育方式更容易被人們所接受。

企業教育是一項有意義而又實實在在的工作，優秀企業的員工，都很樂意接受教育和培訓，這對於培養企業的團隊精神大有裨益。

4 團隊的競爭力

一個優秀團隊的凝聚力和競爭力是不容忽視的，沒有一個企業希望自己的員工是一盤散沙，個個都能去單打獨鬥。

當今的世界是國家與國家的競爭，是企業與企業的競爭，也就是規模經濟的競爭。可以說，規模經濟已經是當今市場競爭的一個主要特徵。那麼，我們又怎麼去贏得這場競爭呢？

用最通俗的方法來解釋，規模經濟無非就是人的集合、資源的集合、資金的集合，然後產生最大規模的經濟效益。對於這幾個集合來說，有效地組織才是一個最核心的問題。

因此，我們必須關注企業的體制是否有利於這種集合。湯姆·彼得斯指出，對於今天的企業來說，如何建立員工團隊的集合力，已經成為一個關係到企業發展成敗的大事。

什麼是集合力呢？事實上就是企業員工的凝聚力，這也是企業競爭力的源泉。

員工的凝聚力來自於員工對企業目標和企業文化的認同感與專注度，也可以叫做事業的忠誠度。

如何提高員工的凝聚力呢？我們首先要尊重這樣一些事實：

(1)員工的潛力是巨大的。員工的潛能如同光能，他們既可以各行其是，像單個的電燈泡一樣散發著自己的能量；他們也可以把所有的能量集合起來，如同一束雷射，穿透所有前進道路上的障礙。

(2)在這個充滿競爭的時代，企業所需要的凝聚力，更多地表現在員工的心智方面。企業需要員工對於企業目標和企業文化有一種極大的認同，需要所有的員工對於企業的事業有一種主動的參與，把它當做個人事業的一部分。

(3)今天的競爭是人才的競爭。人才競爭的內在含意，不僅僅是企業與企業員工整體素質的競爭，更重要的是企業與企業員工凝聚力水準的競爭，因此，評價一個企業，不僅要比較企業員工的素質，更要審視哪家企業員工的人心最齊。

這些事實啟示我們，要想成為一家卓越的企業，就必須在團隊精神的建設方面有很好的建樹，必須在隊伍的凝聚力方面有很好的突破。

因此，一個企業的文化和共同願景必須明確，而且必須讓每一個員工都主動參與進來。

5 打造超級團隊

現在，團隊建設成為最受企業歡迎的培訓課程。企業在飽受長期內耗之苦以後，希望透過提倡一種團隊精神來改變現狀，於是四處找尋團隊培訓，不惜重金到戶外進行 team-working 或 team-building 的培訓。當時感覺不錯，可是回來後就不靈了。

原因很簡單，我們工作的環境及內容與戶外活動有很大的不同，離開了特有的環境、特有的內容和氛圍，培訓的那套方法自然不靈了，畢竟工作與遊戲有本質的不同。

那麼如何打造一支超級團隊呢？

追求團隊精神固然是最重要的因素之一，但團隊精神的產生必須經過有效的團隊經歷。因此，團隊建設方法和團隊精神一樣都不能放棄。

為了說明這一點，首先應明確團隊的概念：團隊是由具有互補技能組成的、為達成共同目標、願意在認同的程式下工作的團體。

不難看出，在團隊的運作中，程式（方法）是靈魂。在好的程式與方法下，團隊成員會共同思考，統一行動，這樣堅持下來便會形成一種行為習慣，這種習慣會不斷提升團隊精神。

反之，沒有好的、為成員認同的程式和方法，光有團隊精神卻也難於協調運作，團隊精神也不過是口號而已。

舉一個足球隊的例子。一個球隊是一個典型的團隊，由前鋒、中場、後衛、守門員構成，球隊的目的就是要贏球。

可是為什麼同樣的球員，不同的教練，成績會有很大的差別？原因就在於，教練換了，球隊所遵循的訓練方法和程式也就變了，從而影響整個球隊的風格和士氣。

一個團隊的共同目標就是要「贏」，所有成員都要認同這一共同目標，並遵循為達成目標所設定的一套程式，讓所有的成員都知道要做什麼，以及如何協調彼此的努力，這就是方法。

這種方法應能夠銜接團隊內以及其個別機構間的差異；能夠讓團隊共同使用，以執行任務；同時，也不會阻礙個別成員的貢獻。

身為團隊的領導就是要找到可遵循的方法，並讓團隊成員也認同和使用這些方法。成員培訓的重點，應放在學會處理管理事項的共同方法方面。

這裡舉一個成功打造出超級團隊的例子。

一個主管升任總裁之後，為在組織內推行團隊精神，把各級主管分批派去參加培訓，大家都學到了處理和解決管理問題的共同方法。為了將培訓的成果鞏固下來，他有意製造了一種氛圍，並身體力行。

果然，這個組織的氣氛幾乎在一夕之間改變了，他們學會了公開討論，並願意把自己的構想和別人交流，透過將學到的共同方法運用，使他們能夠解決更多的問題，做出更好的決策。

這位總裁透過引進一種工具和觀念，使團隊成員的「努力」得到「協調」和「整合」，互助合作及團隊精神也就水到渠成。他並沒有立意要建立團隊精神，而團隊精神卻透過團隊成員在共同的準則及程式下，共同的工作中產生。

因此，想要打造一支超級團隊，需要持久的、堅持不懈的努力，這個過程的關鍵就是要找到適合團隊的程式和方法。

6 超級團隊的魅力

一個群體是一回事，一個團隊又完全是另外一回事。當然群體是可凝聚成一個團隊的，竅門在於「整合」。

在這裡我們將提供一個每個成員都願意為之奮鬥的模式——超級團隊模式。

(1)渴望成功。超級團隊非常有活力，每個成員都能擔負起責任，大家在渴望成功的基礎上，尋求最好的合作發展。

(2)不斷改進。成員對自己和他人有很高的期望，並不斷尋求進步。

(3)離經不叛道。成員遵循一定的規則和方針，但又不拘泥於規則，他們能夠堅持和他人溝通，無論是獨自工作還是群體工作，都能取得很高的效率。

(4)主動進取。成員反應迅速、態度積極樂觀，行動能力強。

(5)重視領導。成員敬重識大體、有活力的領導人，並且希望在他們的領導下共同爭取外部資源與支援。

(6)以人為本、強調合作。成員尊重知識、競爭和貢獻勝過身份和地位，他們注重合作及解決問題。超級團隊在履行任務過程中，始終以使命和目標為導向。他們持之以恆，但又不失靈活。

(7)理性、頑強並勇於創造。成員能夠分清事情的輕重緩急、敢於面對問題。能夠選擇合適的方法清除障礙，方法可以是靈活的、創造性的或者規範化的。

(8)富有創新。成員能適度冒險以獲取卓越成績。

(9)容易接近。成員不斷和外界接觸，讓外界了解自己，積極尋求外部的反饋與幫助。

(10)勤奮敬業。成員理解組織的戰略和經營哲學，並希望實現組織的目標。他們在一個開放的文化中發展，他們所在的系統授予他們權力，也希望他們承擔責任，以便完成雙方共同商定的目標。

(11)與所在的組織互相影響、共同發展。團隊成員和團隊創始人一樣擁有權力，因為個人的影響力取決於信譽而非權威。

我們經常看到積極的、強勁的團隊中的成員相互慶祝：「我們真棒！」當這種感覺能夠激發人們追求更大、更好的目標時，這就是最好的結果。

與此同時，超級團隊也必須認識到危險所在，杜拉克說：「超級團隊有時侯會驕傲自滿，這將導致他們的衰敗。」

團隊成員自我感覺太好，過分親近也可能導致過度利己、效率下降以及傲慢自大的後果。

我們可以從以上各點中瞭解到超級團隊的準確形象，但要真正實現這樣的目標，還需要所有成員的理解和努力。

7 培養你的合作能力

隨著知識型員工的增多，以及工作內容中智力成分的增加，越來越多的工作需要團隊合作來完成。

傳統的組織管理模式和團隊協作模式最大的區別在於：團隊更加強調團隊中個人的創造性發揮，以及團隊整體的協力工作。

如何協調個人成長與團隊成長的關係，使他們能夠相互作用、共同發展是一個值得討論的話題。

團隊協力模式對個人的素質有較高的要求，成員除了應具備優秀的專業知識以外，還應該有優秀的團隊合作能力，這種合作能力，有時甚至比成員的專業知識更加重要。

作為團隊中的一員，你應該從哪幾個方面來培養自己的團隊合作能力呢？

(1)尋找團隊積極的品質

在一個團隊中，每個成員的優缺點都不盡相同。你應該主動去尋找團隊成員中積極的品質，學習它，並克服你自己的缺點和消極品質，讓它在團隊合作中被弱化甚至被消滅。

團隊強調的是協力工作，一般沒有命令和指示，所以團隊的工作氣氛很重要，它直接影響團隊的工作效率。

如果團隊的每位成員，都主動去尋找其他成員的積極品質，那麼團隊的協力就會變得很順暢，工作效率就會提高。

(2)對別人寄予希望

每個人都有被別人重視的需要，那些具有創造性思維的知識型員工，更是如此。有時一句小小的鼓勵和讚許，就可以使他釋放出無限的工作熱情。

(3)時常檢查自己的缺點

你應該時常檢查一下自己的缺點，比如，還是不是那麼冷漠，言辭還是不是那麼鋒利。在單兵作戰時，這些缺點可能還能被忍受，但在團隊合作中，他會成為你進一步成長的障礙。

團隊工作需要成員在一起不斷地討論，如果你固執己見，無法聽取他人的意見，或無法和他人達成一致，團隊的工作就無法進行下去。

團隊的效率在於配合的默契，如果達不成這種默契，團隊合作就不可能成功。

如果你意識到了自己的缺點，不妨就在某次討論中，將它坦誠地講出來，承認自己的缺點，讓大家共同幫助你改進，這是最有效的方法。

當然，當眾承認自己的缺點可能會讓你感到比較尷尬，但你不必擔心別人的嘲笑，因為一般人只會給你理解和幫助。

(4) 讓大家喜歡你

你的工作需要得到大家的支持和認可，而不是反對，所以你必須讓大家喜歡你。但一個人又如何讓別人來喜歡你呢？

除了和大家一起工作外，你還應該儘量和大家一起去參加各種活動，或者禮貌地關心一下大家的生活。

總之，你要使大家覺得，你不僅是他們的好同事，還是他們的好朋友。

(5)保持足夠的謙虛

任何人都不喜歡驕傲自大的人，這種人在團隊合作中也不會被大家認可。你可能會覺得自己在某個方面比其他人強，但你更應該將自己的注意力放在他人的強項上，只有這樣，你才能看到自己的膚淺和無知。因為團隊中的任何一位成員，都可能是某個領域的專家，所以你必須保持足夠的謙虛。

謙虛會讓你看到自己的短處，這種壓力會促使你在團隊中不斷地進步。

8 小心團隊陷阱

團隊作為一種先進的組織形態，越來越引起企業的重視，許多企業已經從理念、方法等不同的管理層面著手進行團隊建設，並對「成功的團隊」賦予了極高的期望。

然而，企業在保持熱情的同時，謹防掉入「團隊陷阱」。

就現在來說，團隊適合於這樣的情況：工作任務挑戰性極高，環境不確定性很高，組織成員差異很大且素質很高。

事實上，團隊成功率並不是很高，很多團隊取得的業績差強人意，其原因無非掉入團隊陷阱而不能自拔。

團隊陷阱主要表現為以下形式：

(1)團隊的目標迷失

團隊作為組織形式之一，是為完成組織的目標而服務的。然而由於團隊面臨任務的特殊性和挑戰性、環境的不確定性等原因，作為團隊指南針的目標往往很難明確。

而且，在團隊成員參與決策和執行的過程中，往往因為資訊不對稱，成員價值觀和個人利益角度的不同，使目標被肢解，最終喪失提高士氣的功能。

康寧公司是一家以人力資源管理見長的企業，在十幾年團隊運作實踐中，他們發現團隊作為組織形式之一，完成目標的概率僅為3％，在失敗的原因中，目標迷失的比例為51％。

(2)團隊適應性和靈活性喪失

團隊的外部環境決定其必須具有高度靈活性和適應性，否則很容易導致團隊的行動僵化。

根據某權威機構的研究，總體而言，團隊的靈活性比不上工作組。其原因主要有：團隊成員差異較大，其動機、態度和個性難以一致；在運作過程中，團隊領導和成員的「搭便車」心理以及矛盾衝突使注意力內斂，這也使得團隊對外界資訊反應速度減慢；團隊成員達成一致的要求也影響了團隊的靈活性。

(3)團隊合力分裂

團隊成員本身具有分力傾向，團隊管理稍有鬆懈，就會導致團隊的績效大幅度下降。根據康寧公司的團隊管理經驗，團隊合力常常受到下列情況的衝擊：1領導者變更；2計劃不連續；3裁減成員；4管理不當；5規則不連續。

對於如何避免「團隊陷阱」，我們有如下建議：

(1)團隊需要強有力的領導者。

強有力的領導者能把分力轉為合力，貫徹和執行團隊目標，使團隊成員保持對外部的靈敏度，並迅速作出反應。根據經驗證實，團隊比其他組織形式更需要強有力的領導。

(2)統一的團隊規則。

優秀的團隊具有統一的管理規則，並能得到所有成員的遵守，成為團隊內部統一的語言。

(3)精心管理、細心呵護。

團隊陷阱產生於微妙之處，所以團隊需要管理者和成員的細心呵護。

9 一加一等於幾

在上個世紀二十年代的後期，德國最著名的心理學家馬克斯・瑞格曼（Max Rinselmann）進行了一項試驗，他將拔河中個人和團隊的表現進行了比較。他預計團隊的努力應該等於團隊中個體的努力之和。

例如，三個人拔河的力量應該等於一個人力量的三倍；八個人的力量應為一個人力量的八倍。

但是，結果卻不像預期的那樣。三個人的力量之和只是一個人的二．五倍，而八個人的力量還不到一個人的四倍。

其他研究者用類似的工作任務重複了瑞格曼的研究，結果大多支持他的發現。

團隊人數的增加與團隊中個體的績效呈負相關，越多就會越好只是意味著這樣一件事情：四人團隊的總產出大於三人團隊的總產，然而，團隊中成員的個體產出下降。

心理學家把這歸咎於社會惰化效應，這是什麼引起的呢？

也許是因為團隊成員都認為其他人沒有公平付出。如果你認為其他人偷懶，你就會減少努力以重建公平感。

另一種解釋是責任分散。因為團隊的成績不會歸功於某個人，個人的投入和團體產出之間的關係不明朗，這樣有的個體可能成為「搭便車者」，依附團隊的努力。換句話說，如果個體認為自己的貢獻無法被衡量，效率就會下降。

社會惰化對工作團隊的設計有什麼意義呢？如果你使用團隊的形式來鼓舞士氣，或是提高合作意識，你需要確認和衡量個體努力程度的方法。

團隊的提倡者說，公司應該以團體的形式重組。原因之一是可以產生正協同效應，也就是說，團隊的產出比成員單個工作的產出之和大，因為團隊精神可以刺激個人的努力，因此一加一可以等於三。

但事實是，團隊產生的協同效應常常是負的。個體在共同工作時比在單獨工作時付出更少的努力，因此，一加一可能等於一。為什麼會有這種結果呢？原因在於上面提到的社會惰化效應。

10 從優秀到卓越與從無能到普通

彼得．杜拉克曾在《哈佛商業評論》撰文指出：「精力、金錢和時間，應該用於使一個優秀的人變成一個卓越的明星，而不是用於使無能的做事者變成普通的做事者。」

這是一個與木桶定律相悖的忠告，我們稱之為「杜拉克原則」。

彼得．杜拉克認為，人們不應該把努力浪費在改善低能力的人或技能這一方面，而是應該使那些表現一流的人或技能變得更加卓越。

儘管我們還不能確切地知道，把一個優秀的人變成一個卓越的人，比把一個無能的人變成一個普通的人，究竟能節省多少精力、金錢和時間，但是杜拉克觀點還是被人們普遍接受。

木桶定律著眼於人的不足、缺點，而且認為人們的不足、缺點都是不好的，因而人們應該千方百計地彌補不足、改正缺點。

杜拉克原則關注的是人的成長，組織或個人應該千方百計地創造條件，把精力、金錢和時間都用在發揮人的優點上，而讓人的缺點不要干擾優點的發揮，也就是做到揚長避短。

杜拉克告誡說，壞習慣必須改掉，因為它妨礙你取得績效。但你在某一方面的缺點和不足，卻並不一定要花大力氣把它提高到普通水準。因為，這樣做的話，改善的很可能不是你某一方面的能力，而是使你失去自我！

木桶定律說得很有道理，杜拉克原則也沒錯，但他們是相悖的，這是怎麼回事？

其實，我們在大部分時候誤解了木桶定律和杜拉克原則，或者說，我們擴大了兩者的適用範圍。

要確定二者的使用範圍，還是來考察一下系統、系統中的要素、系統要實現的目標之間的關係。

首先，不管是木桶定律，還是杜拉克原則，都不是「放諸四海而皆準」的，它們都有自己的適用條件。

一種情況是適用木桶定律，還是適用杜拉克原則，取決於該情況系統中各個因素之間的關係，以及我們透過這個系統所要達到的目的。

比如說，木桶的各個木板如果不是拿來裝水，而是用來燒火，那麼請問，較短的那個木板，會影響其他木板燃燒釋放出的能量嗎？

所以，一個系統的各個要素發揮出來的作用，是否與最短的一塊木板一樣，取決於它們是否有共同的目標，以及要實現什麼樣的目標。

此外，各個因素之間的組合關係，也決定了系統中各個因素的組合效果是木桶效應，還是杜拉克效應。如果這種關係只是一種鬆散型關係，那麼人們可以不必理會那些缺點，只需把優點發揮到極致。

可以這麼說，不管是木桶定律，還是杜拉克原則，都是系統中各個要素相互作用的兩種比較特殊的情況，我們應該分別對待。

精力、金錢和時間，應該用於使一個優秀的人變成一個卓越的明星，而不是用於使無能的做事者變成普通的做事者。

第四條、彼得原理

在各階層組織裡，每個人都會由原本能勝任的職位，晉升到他無法勝任的職位，無論任何階層中的任何人，或遲或早都將有同樣的遭遇。

四、彼得原理

在各階層組織裡，每個人都會由原本能勝任的職位，晉升到他無法勝任的職位，無論任何階層中的任何人，或遲或早都將有同樣的遭遇。

1 事情為何總是弄砸了

生活中荒唐的事情隨處可見。

你肯定看過這樣的漫畫：一位護士對熟睡的病人大聲叫喊：「喂！醒醒！吃安眠藥的時間到了！」

你肯定見過這樣的情景：醫院在救治急診病人前，會要求患者將寶貴的時間花在填寫大量表格上。

或許你還知道愛爾蘭人歐布萊恩的故事，他在往來於香港與澳門之間的渡輪上呆了十一個月，原因是他沒有可以在兩地下船的證明文件，而香港和澳門當局都沒有發證明給他。

還有，各種商品的製造商依照慣例，總會在各地設立服務站，因為他們預測（事實也是如此），他們的許多產品在保證期內會發生故障。

事實上，類似的現象並沒有時空的限制。

例如，十九世紀英國政論家麥考萊（Maculay）根據當時日記作家皮普斯（SamueiPepys）的記載，描述了英國海軍一六八四年時的情形：「海軍總部實在令人驚奇，浪費、貪污、無知、懶散無所不包……他們的判斷不足信賴……他們從不履行合約，也從不執行巡檢的任務……有些新兵腐化、無能，如不加緊訓練和糾正，甚至可能在船靠岸的時候失足落海……」此外，水手們因無法按期領到薪水，而情願將他們的配給券六折賤賣給地下錢莊。至於大多數在海上往來的船隻，指揮統率者往往沒有受過航海訓練。

英國名將威靈頓將軍（Wellington）在前往葡萄牙參加一八一〇年戰役前，曾翻閱了隨行的軍官名單，然後說道：「我只有盼望敵人看到這份名單時，也能和我一樣感到戰慄不安。」

南北戰爭時期的名將泰勒（Richard・Taylor）提到七日戰役時評議道：「南軍將領對地形根本不熟，在雷契曼城一天的行軍情況就好比在美洲叢林中行軍一樣混亂。」而另一位名將羅伯特・李將軍（RobertE・Lee）也悲痛地抱怨說：

「我的命令簡直無法實行。」

二次大戰期間，一艘醫療船的澳籍指揮官在檢查改裝後的水槽時赫然發現，水箱內部漆的居然是足以讓船上每個人中毒的紅鉛。

上述事例不得不讓自詡為「理性動物」的人們汗顏，人們也不得不承認這樣的一個事實：「不勝任」現象無所不在！

2 彼得原理浮出水面

彼得博士在觀察了人們不勝任的行為多年後，漸漸意識到一種規律的存在——在層級組織裡，每個人都會由原本能勝任的職位，晉升到他無法勝任的職位，無論任何階層中的任何人，或遲或早都將有同樣的遭遇。

一九六〇年九月，在一次由美國聯邦出資舉辦的研習會上，彼得博士首次公開發表了他的發現。

當時彼得博士的聽眾是一群負責教育研究計劃的主管，每位與會者都已經完成了圓滿的提議書，每個人也都已獲得提升——晉升為一項或一項以上研究計劃的主管。

這些人當中有些確實具有研究的能力，但是這和他們獲得主管的職位並無關聯。其他更多人並不擅於研究計劃，他們只是拚命地複製一些老掉牙的統計習題。

於是，彼得博士決心向他們引介彼得原理，用來說明他們的困境。

他們聽了之後，敵意、嘲笑兼而有之。

有一名年輕的統計員捧腹大笑，並從椅子上跌下來。他向別人解釋說，他的強烈反應是被彼得博士具有冒犯意味的幽默演說所惹起的。

而在同一時刻，他卻沒有注意到區域研究主管——他的頂頭上司——的臉一陣紅一陣紫。

當時一位著名的記者胡爾對彼得原理很感興趣，他促使彼得博士把這個天才思想寫成了書籍。

但《彼得原理》一書的出版卻頗費周折，彼得博士一共收到十四位不稱職編輯的退稿信。於是，他決定採用迂迴法——在他的書中稱為「彼得迂迴法」

——以促成出版。

他和胡爾先生先後在報紙雜誌上撰文介紹彼得原理，讀者的反響十分強烈，數月之內，彼得博士收到四百多封讀者來信，邀請他演講和約稿的人也蜂擁而至。

在文章引起轟動效應之後，終於有出版商找彼得博士商談出版事宜。該書於一九六九年二月出版後，漸漸登上非小說類暢銷書排行榜的第一名，並一直佔據榜首位置，持續時間長達二十週。

至今，《彼得原理》已被翻譯成數十種語言，在世界各地熱銷。更不可思議的是，該書成為許多大學的必讀課程，並成為許多研討會爭相討論的主題。

此外，該書還促成了幾個嚴肅的研究計劃，調查彼得原理的有效性如何，結果每項研究都證實彼得博士的觀察是準確無誤的。

彼得博士對「彼得原理」的詮釋，成為二十世紀最具洞察力的社會、心理領域的創見。

3 人類的輝煌與無奈

不可否認，人類取得了許多輝煌的成就，但同樣不可否認的是，人類也造就了一些可怕的不稱職。

人類大力推行官僚政治，即使是完成一件最簡單的工作，也要花費大量的時間和精力。人類的社會結構越複雜，人浮於事、混日子者就越多，並成為社會沉重的負擔。

雖然從小到大，我們總能聽到這樣的教導：身居高位的人往往具有自知的睿智。他們會說：「你懂得越多，前途越不可限量，有一天也會躋身高位。」

於是我們用功讀書，直到大學畢業、踏入社會、進入一種職業，我們仍緊緊抱持著上述的信念。

然而，我們總會很失望地發現，許多人似乎都不知道他們的專職何在，因而也都不能盡到工作上的職責。

例如，一位校長關心的主要問題竟然是：所有窗簾要高度一致，教室必須保持安靜以及禁止任何人踐踏或靠近花圃。

當我們的見聞增加後，會發現每個組織總有許多人無法勝任他們的工作。我們可以看到優柔寡斷的政客裝腔作勢，儼然是果決剛毅的政治家；自命消息可靠的權威人士，到頭來將過錯歸咎於難以掌握的情況；懶散而傲慢的公務員不計其數；軍事將領以豪壯的措辭掩飾行為的怯懦……

在這個複雜、虛矯的社會裡，充滿了不道德的牧師、貪污的法官、頭腦不清的律師、文筆不通的作家以及連拼音都會出錯的英文老師，我們對此也只能無可奈何地聳聳肩而已。

甚至在大學校園裡，我們也能見到文件由拙於溝通的行政人員擬稿；而一些單調、乏味的課程，則由聲音不清、表達能力缺乏的老師主講。

彼得博士在收集和分析了數百件工作上不勝任的案例後，他得出了「彼得原理」的公式：在層級組織裡，每位員工都將晉升到自己不能勝任的階層。

彼得原理可以說是解開所有層級制度之謎的鑰匙，因此也是瞭解整個文明結構的關鍵所在。

或許有些特立獨行的人可以避免被納入層級組織裡，但凡是置身於商業、工業、行政、軍事、宗教、教育等各界的所有人士，都和層級組織息息相關，

也就是說絕大多數的人都受彼得原理的控制。

可以肯定的是，其中許多人可能獲得一兩次的晉升——從某個能勝任的階層晉升到仍可勝任的更高階層，但能勝任新職位將使他有資格再度晉升，於是每個人最後都由能勝任的階層晉升到不能勝任的階層。

所以，假定時間足夠，同時假定層級組織裡有足夠的階層——每個員工終將晉升到自己不勝任的階層，並從此停滯不前。

因此，彼得原理的推論結果是：假如有足夠的時間和足夠的階層，那每個階層的職位終將由不勝任的員工所佔據。

既然如此，誰來推動層級組織的輪軸呢？

當然，在現實生活中，你很難找到一個所有員工都到達不勝任階層的組織。大部分的情況是，人們仍會完成某些任務，因此層級組織仍有它繼續存在的理由。層級組織的工作任務多半是由尚未到達不勝任階層的員工所完成的。

4 不勝任的經典案例

既然不勝任普遍存在於政治、法律、教育和企業各界，那麼在這些機構裡，員工們是如何在組織階層中往上爬，他們升遷後的情況又如何？

在彼得博士收集的研究資料中，以下是三個典型的案例：

(1)「市政府檔案，第十七號案例」

湯姆斯是市公共工程部的維修領班，他為人親切和氣，深受市政府高級官員的賞識和稱讚。

一名工程部的監工說：「我喜歡湯姆斯，因為他有判斷力，又總能保持愉悅開朗。」

湯姆斯的這種性格恰好適合他的職位：因為他不必作任何決策，自然也沒有和上司意見分歧的必要。

後來那名監工退休了，湯姆斯接替了監工的職務。

和以前一樣，他依然附和大家的意見，上司給他的每個建議，他不經選擇就全部下達給領班，結果造成政策上的互相矛盾，計劃也朝令夕改。不久整個部門的士氣便大為低落，接二連三地接到來自市長、其他官員、納稅人、以及工會工人的抱怨。

至於湯姆斯，他依舊對每個人唯唯諾諾，仍舊在他的上司和部屬之間來回傳送訊息。名義上他是一名監工，實際上他做的卻是信差的工作。

他所負責的維修部門經常超出預算，而原定的工作計劃也無法完成。湯姆斯以前是一名稱職的領班，現在卻變成不能勝任的監工了。

(2)「服務業檔案，第三號案例」

傑克在汽車維修公司是一名熱忱又聰明的學徒，不久他被聘為正式的機械師。

在這個職位上他表現傑出，不但能診斷汽車的疑難雜症，還能不厭其煩地加以修復。於是他又被提升為該維修廠的領班。

然而，在擔任領班之後，他原先對機械的熱愛和追求完美的性格反而成為他的缺點。因為不管維修廠的業務多麼忙碌，他還是會承攬任何他覺得看起來有趣的工作。

他總是說：「我們總得把事情做好！」而他一旦工作起來，做不到完全滿意絕不輕易罷手。

他事事干預，極少坐在他的辨公室。他常常親自動手修理拆卸下來的引擎，而讓原本從事那件工作的人呆站在一旁，並且不會給其他工人指派新的任務。結果維修廠裡總是堆著做不完的工作，總是顯得一團糟，交貨時間也經常延誤。

傑克完全不瞭解，一般顧客並不在乎車子是否修得盡善盡美——他們只希望能如期取回車子。

傑克也不瞭解，大部分工人對薪資比對引擎的興趣還要濃厚。

因此，傑克對他的顧客和部屬都不能應付得宜。從前他是一位能幹的機械師，現在卻成為不勝任的領班了。

(3)「軍事檔案，第八號實例」

高文將軍（GenerralA．Goodwin）為人熱誠、不拘小節，言談爽快風趣，蔑視一切繁瑣規則，具有過人的膽識，麾下將士們將他視為偶像，在他的領導下打了許多場漂亮的勝仗。

由於戰績輝煌，高文將軍晉升為戰地指揮官，他所面對的不再是普通的士兵，而是政客和軍方的高級將領。

然而，高文將軍既不遵守必要的交際禮儀，也無法適應傳統的客套和諂媚。他經常和高官政要爭吵，然後窩在指揮棚裡一連好幾天地酗酒、發脾氣。

於是，軍隊的指揮權就漸漸旁落到部屬手中了，高文將軍也晉升到他無法勝任的職位了。

以上的三個例子都說明了人們在層級組織中的悲哀。但儘管如此，人們還是盲目地往層級組織的更高處爬。

5 爬不完的梯子

現代的層級組織制度，總是從下面補充由晉升、辭職、退休、解雇和死亡帶來的空缺。

人們一直把層級組織中的晉升看作是「攀登成功之梯」或「爬上權力之梯」。

層級組織通常被比喻為梯子，因為梯子和層級組織確有一些共同的特點。例如，梯子是讓人向上爬的，而且爬得越高，危險越大。

一個收入固定的人，平時能合理地掌握他的錢財。可一旦當他繼承了一筆鉅額財產後，他的理財能力就會變得無法勝任。

在軍隊或政府層級組織中，一個稱職的隨從晉升為主管時，也會突然變得不稱職。

當稱職的科學家被提升為研究院院長時，也可能會變成一個不稱職的管理者。

以上各類晉升，之所以產生不勝任，是因為它需要被提升者具備他以前所在職位不需要的新能力。

一個一向負責品管工作的雇員，可能會被提升到一個他比較勝任的督監之職。

最後，他或許還能升任管理方面的領導，雖然做起來有點吃力，但是他努力工作，勉強可以彌補能力的不足。

但是，如果層級組織的其他條件有利的話，他還可能達到一種不稱職狀態

——做個部門經理，這可能是他所能爬上的最高一層階梯了。

這時，他需要花費大量的時間去做日常工作。如果有一群稱職能幹的部屬的支持和幫助，他還勉強可以完成工作。

由於他看起來還算稱職，加上領導者的威望，他也許會進一步得到晉升，即升任總經理——他現在已經達到了最大不稱職狀態。

作為一個總經理，他的主要責任是制訂與公司目標和政策緊密相關的決策，從負責品管工作到應付長遠的目標和更抽象的觀念，他越來越感到力所難及，不僅給公司帶來損失，而且給他個人造成很大的傷害。

某些人很理智地觀察到了這種事實，就可能會退出這種劇烈競爭，開始一種全新的、更有價值的生活。

今天，許多人已經開始懷疑這種「爬不完的梯子」的遊戲。他們把老一輩人視為彼得原理的受害者，他們不再熱衷於建立層級組織，而試著改變自己的生活方式。

不幸的是，大多數的人並沒有付諸行動，還是樂此不疲。

6 位子越高越好嗎？

人們總是以為爬得越高就代表越好，可是環顧四周，我們看到，這種盲目往上爬的犧牲者比比皆是。

學校的制度是個典型的組織，我們研究一下「彼得原理」在學校制度裡運作的情形，同時也能推知彼得原理如何運作於各行各業。

為了便於分析，我們把老師們分成三級：勝任、適度勝任以及不勝任。老師們通常會不均勻地分佈於這三個等級：其中絕大多數老師屬於適度勝任級，只有少部分老師屬於勝任級和不勝任級。

◆墨守成規者的案例

艾莉絲小姐在大學念書時是一個非常守規矩的學生，她的作業和報告不是引用教科書和期刊，就是轉述教授上課所講的內容。她所做的不多不少總是完全吻合於別人告訴她的內容。因此，她被認為是一名勝任的學生。最後她以優異的成績從師範學院畢業，並成為一名老師。

當她成為老師後，她教給學生的，不多不少正是她以前所學的——她完全按照教科書、課程指導和教學進度上課，從不超出範圍。

所以她的教學工作進行得不錯，只是沒有規則或前例可循時就另當別論了。

例如，有一次水管破裂，大水淹進教室，艾莉絲小姐依然繼續上課，直到校長衝進來才救了全班。

校長大叫道：「我的天哪！艾莉絲小姐，教室都積水三英寸了，你為什麼還繼續上課？」

艾莉絲小姐答辯說：「因為我並沒有聽到緊急事故鈴的響聲。你知道我一直注意聽的，但我確定你們並沒有拉響警鈴。」

面對如此似是而非的答辯，校長一時啞口無言，最後援用校規上賦予他的緊急事件處置權，將那些泡得濕淋淋的學生帶出教室。

儘管艾莉絲小姐非常遵守校規，而且從未犯錯，但她時常使學校當局困擾，因此將不再獲得晉升。

做一個學生，艾莉絲小姐可以勝任，但是擔任老師時，她已到達不勝任階層。

◆更高級的爬梯者

沃特曼過去曾是勝任的學生、老師和系主任，於是他被提升為副校長。在副校長任內，他表現出優異的智慧，與老師、學生、以及家長們都處得十分融洽，於是他又進一步升到校長的職位。

在擔任校長以前，他從未直接與學校董事會或當地的教育督學交涉過。上任後不久，他馬上顯露出缺乏與這些高級官員打交道的本領。

有時他會為了替兩個學童調解糾紛，而讓督學在一旁等候。有一回他替一位請病假的老師代課，卻錯過了副督學召開的課程修訂會議。他竭盡全力處理校務，以致於無法兼顧社區組織的活動。例如，他拒絕當老師暨家長協會的主席，拒絕當社區改進會的會長，同時也拒絕當文學指導委員會的顧問。

因此，沃特曼的學校失去當地社區的支持，他本人也不再受到督學的賞識。他逐漸被一般大眾和上司們認為是一位不勝任的校長。

也因為如此，當副督學的職位出缺時，學校董事會拒絕為他提名；直到退休以前，沃特曼都只能繼續當一名不快樂且不勝任的校長。

①布萊爾先生以往曾是勝任的學生、老師、系主任、副校長以及校長，因而被提升為副督學。在此之前，他只須闡明學校董事會的政策，並有效率地加以施行即可。現在，身為副督學，他必須參與學校董事會的政策研討，並以民主程序作出最後決策。

然而，布萊爾不喜歡民主程序，他喜歡專斷，堅信自己就是一名專家。當他向董事會會員們發表意見時，使用的態度和他從前對學生訓話的態度沒有兩樣。此外，他也試圖以校長管理教職員的方法控制董事會。

於是，學校董事會評議布萊爾為不勝任的副督學，他將不會再有晉升的機會。

②漢斯曾是勝任的學生、英文老師、系主任、副校長以及校長，之後六年的副督學任期裡他也頗能勝任，富於愛國心、擅長交際、和藹可親且受眾人愛戴。

於是，他又晉升為督學，並負責掌理學校財務。

但沒多久，他就發現自己一頭霧水。

從他擔任老師開始，漢斯就不會為錢煩心，因為他太太已全權處理他的薪資，只在每星期給他些零用錢。

現在，漢斯在財務方面的不勝任顯露無遺了。

他預付了大量訂金向一家公司採購教學器材，結果該公司什麼產品也沒製造便已宣佈破產。

此外，他在市內各個學校的每間教室裡裝置了電視機，儘管當地電視台的教學節目只適合中學生。

總而言之，此時漢斯已到達他的不勝任階層了。

◆另一種晉升型態

與前述的「直線式晉升」案例不同，有一種晉升型態為「幕僚式晉升」。瑪格麗特小姐從前是勝任的學生和優異的小學老師，後來她被升為教學主任。現在她所要教的對象不再是小朋友，而是一群老師。然而，她仍採用適於小學生的教學技巧來指導老師。

當瑪格麗特小姐和老師們說話時，不管面對的是一位或多位老師，她一律慢吞吞地說，力圖說得十分清楚。她的用字相當簡單，多半只是一兩個音節組成的字，每一個要點一定以不同方式解釋好幾遍，直到她確定老師們都聽懂為止。

此外，她始終面帶笑容。老師們不喜歡瑪格麗特小姐的笑容，認為那是裝出來的。同時，他們也不喜歡瑪格麗特小姐高人一等的說話態度。他們產生極強烈的排斥感，不但沒有遵行她的所有建議，反而花許多時間編造藉口，規避她的建議。

由於瑪格麗特小姐無法和老師們充分溝通，她不再有晉升的資格，因此她將繼續擔任教學主任，停在她不勝任的階層。

7 「南郭先生」的煩惱

我們再來看看工廠裡不勝任者的例子。

奧克曼是萊姆汽車公司的傑出技師，他對目前的職位相當滿意，因為不需要做太多文案工作。因此，當公司有意調升他做行政工作時，他很想予以回絕。

奧克曼的太太艾瑪，是當地婦女協進會的活躍會員，她鼓勵先生接受升遷機會。如果奧克曼升官，全家的社會地位、經濟能力也會各晉一級。如此一來，她就可以競選婦女協進會的主席，也有能力換部新車、添購新裝，還可以為兒子買輛迷你摩托車了。

奧克曼百般不願用目前的工作，去換辦公室裡枯燥乏味的工作。但在艾瑪的勸服與嘮叨之下，他終於屈服了。

升任六個月之後，奧克曼得了胃潰瘍，醫生告誡他必須滴酒不沾。艾瑪指控奧克曼和新來的秘書有染，並且把失去主席頭銜的責任全部推到他身上。

奧克曼的工作時間冗長不堪，卻毫無成就感，因此下班回家後就變得脾氣暴躁。奧克曼夫婦的婚姻徹底失敗了。

另外一個相反的例子是這樣的。

哈里斯是奧克曼的同事，他也是萊姆公司的優秀技師，而且老闆也打算提升他。

哈里斯的太太莉莎非常瞭解先生很喜歡目前的工作，他一定不願意花更多的時間坐辦公室，負更多責任。於是，莉莎沒有強迫哈里斯去做一個他不喜歡的工作。

因此，他繼續當一名技師，將胃潰瘍留給奧克曼獨享。

哈里斯一直保持開朗的個性，在社區裡是個廣受歡迎的人物，工作之餘，他還擔任社區青年團體的領袖。鄰居的車如果需要修理，一定都送到萊姆公司，以回報哈里斯平時對公益事業的熱心。

哈里斯的老闆知道他是公司不可或缺的寶貴資產，所以為他提供了優厚的紅利、穩定的工作和一切制度內允許的薪水加級。

於是，哈里斯買了一輛新車，為莉莎添購新裝，也為兒子買了一輛自行車和棒球手套。

哈里斯一家過著舒適美滿的家庭生活，他們夫婦幸福的婚姻也令親朋好友非常羨慕。他們在鄰里間享有的美譽，正是奧克曼太太夢寐以求的理想。

每個層級系統都由不同的層級或類別組成，系統中的個體則分別隸屬於各個層級。如果一個人的能力很強，他就會對人類社會產生正面的貢獻，傑出的表現又使他獲得升遷的機會，這樣他就會從原來勝任的層級晉升到自己無法勝任的層級。

世界上每一種工作，都會碰到無法勝任的人。只要給予充分的時間與升遷機會，這個能力不足的人終究會被調到一個不勝任的職務上，他會在這個位子上原地踏步，把工作搞得一塌糊塗。他的表現不僅會打擊同事的士氣，而且嚴重妨害整個組織的效率。

更為重要的是，這些「南郭先生」們自己也會掉進一個自尋煩惱的陷阱，而且無法自拔，如同上述的奧克曼一樣。

8 排隊木偶現象

我們把目光從個人移到組織，就會發現，每一個新興的層級體系，剛開始都頗有一番作為，但是最後都不免變成暮氣沉沉的官僚機構。

每個機構在步入窮途末路之前，都曾經有過一段黃金歲月。郵政與電報機構、鐵路局、電信事業、航空公司、天然氣公司、電力公司等機構在開始起步和發展階段，都曾經輝煌一時。

在一個新興體系中，因為成長迅速、朝氣蓬勃、創意不斷，所以會表現出很高的效率，新興機構的機動靈活性使員工的才智得以運用到適當的地方。

在這段期間，每名員工的工作表現，都會對各自職位的業績有所貢獻。如果一名員工的能力一直很強，那麼他的業績也會持續成長。如果體系中大部分職位均保持良好的業績，那麼整個體系的業績也會隨之升高。這就是大多數機構早期的發展狀況。

當體系趨漸成熟時，「彼得原理」提到的症狀便陸續出現。官僚污染限制了優秀員工的表現，卻保證了無能員工登上更高一級的職位。每一名無能員工都會對工作帶來負面的影響，一群無能員工便會使工作呈紊亂狀態。過不了多久，整個體系會步入蕭條期，我們稱這種現象為「體系蕭條」。

適應環境、發揮才智及選擇的自由，都是人性的特點，但「體系蕭條」使人性越來越難以彰顯。

人類行為深受所屬層級體系的限制與操縱。人類不像毛毛蟲，卻比較像木偶。木偶的外形酷似人類，其行動則完全受外力控制。

「體系蕭條」下的可憐人類，可以用「排隊木偶」一詞來形容，他們會經過生存、打卡、填表、執行無意義的儀式等階段。

「排隊木偶」今天已經形成一股龐大的社會勢力。他們包括：普通人、沉默的大眾、多數人、一般人或是消費者。

「排隊木偶」是功能性的人，他對工作的內涵漠不關心，卻對發明更新、更好的官僚程序極度熱衷。他致力於研究行使職務的方法，而非發揮職務的實質內涵。

「排隊木偶」非常注重個人歸屬感。從較廣的層面來看，他會對自己的國籍、宗教或隸屬於大多數人的團體而驕傲不已。

從中級管理階層來看，他可能屬於龐大的機構、商業俱樂部和兄弟會社團。從高級管理階層來看，他特別喜愛加入私人俱樂部或成為高級機構的會員。

如果「排隊木偶」的地位獲得提升，他就必須被迫面對一個痛苦的抉擇——是做一個有所作為的木偶，還是做一個不勝任的可憐蟲。

「排隊木偶」當權時，會用本身有限的理解力解釋社會現象。他常說：「我們可以做得到，所以讓我們放手去做。」他從事太空探險，因為所有必要的科技一應俱全；他發明了能毀滅世界人口幾百次的核武器；他製造了上百罐的細菌，每罐都具有消滅十億人的威力，而可能成為受害者的全世界人口也不過六十億而已。

是什麼原因造成這種現象？因為他受到精神壓抑的煎熬，從而導致感情的匱乏。儘管他深受其害，卻不會針對問題提出有效的解決方案。

他所面臨的問題，不是在槍或奶油之間做選擇，也不是決定是否要修建造福百萬市民的捷運系統，或者斥資三十億美元發展登陸月球的計畫，而是他走不出層級組織的困境，他被無意識的人們推動著盲目向前。

9 庸人們的天堂

許多人變成「排隊木偶」後，絲毫沒有危機意識，他們繼續沉溺於排隊的行為模式。

教育界、法律界、產業界、政府部門等都在崇尚平庸，個人貢獻不復存在，平庸成為流行時尚，並進而成為典範作風。由平庸人領導的「平庸社會」都由「排隊木偶」全權管理。

可是有些憂心忡忡的人，卻因為他們的覺醒而痛苦。這些不適應環境的人大聲疾呼，倡導變革，可是沉默的大眾都已成為無可救藥的「跟從癖」。

「跟從癖」是一個沒有個性特徵的標準單位，他是大眾口味的典型代表，他是大眾文化、大眾風尚、大眾道德的一個組成部分。

技術創造了一個沒有個性的標準社會，免除了「跟從癖」的責任，使他們不再需要作決策，也使他們覺得只要保持自身的跟隨行為，就可以安然無事地接受教育、法律、產品和政府的平庸。

「跟從癖」對技術的巨大進步深信不疑。他被汽車、冰箱或其他用品上的電鍍裝飾迷住了。作為一個消費者，他覺得自己是進步的促成者之一。

他參與重大事件，而且以登陸太空計劃之類的成功而自豪，雖然他與這些成功沒有一點關係，對它們也只是一知半解。

如果不加限制，「跟從癖」的泛濫最終將腐蝕整個社會的結構，形成一種萬馬齊瘖的局面。

與跟從癖截然不同的另一個典型是「人道主義者」，他的特質是：培養精神生活、仁愛與自我實現。這種人充分發揮自己的潛能，從創意、自信、才幹中獲得滿足。

如果每個人都努力做一個「人道主義者」，我們不但可以把自己從不稱職中解救出來，而且還可以扭轉正在逐步升級的體系蕭條現象。

10 平庸至上的社會

理想的「排隊木偶」被有系統地剝奪了想像力、創造力、天賦、夢想和個人特色。

自從進入公立學校開始，他就被灌輸不同學科的知識，並用這些知識來處理生活問題。從這種教育制度出來的人，都將成為平庸社會中機械化的角色。

當他一旦進入「平庸社會」之後，便被排山倒海般的勢力壓迫著，內心殘存的真實感情也無法忠實地表達。

剝奪個性的機械化工作方式，會使他進一步喪失自我。

最後，他只有公式化地扮演好「排隊木偶」的角色，才能得到滿足感。

在平庸至上的社會中，一切崇尚大眾化、通俗化，這個風氣使整個社會品味低下，產品品質也不再精良。

在平庸至上的社會中，行政組織內的各個部門，都有自我膨脹、敷衍了事的趨勢。組織內的法則、規定和條例不但鉗制了個人行動，也嚴重侵犯了個人生活。

於是員工開始感染一種病態心理，他的安全感越來越依賴法則、規定、慣例和有關他職務的紀錄。漸漸地，他便顯露為無知、刻板甚至惡毒的組織偏執狂。他極度重視組織內部的結構、程式與形式，對工作表現或公共服務的品質與效率反而漠不關心。

「平庸社會」對官員施壓，要求他們以正確的方法、小心謹慎的態度，維護組織中的各種慣例。於是他一味墨守僵化的官場作風，而且對既定程式不知變通，只是盲目服從。

由於他將全副精力投注於服從規定之上，所以根本無暇顧及工作成績，更別說為大眾提供服務了。

在層級組織中竄起的官僚，往往得力於他們的負面特質。所謂的「能幹」

是指不打破常規、不興風作浪。拖延（sluggish）、隱密（secretive）、多疑（suspicious）是官僚們的天性，也是他們的「三S」詭計。

如此，每個排隊木偶就逐漸養成「個人自掃門前雪，莫管他人瓦上霜」的心態。他會兢兢業業地做好分內工作，卻對所屬部門、公司、社會、國家的蕭條與腐化袖手旁觀，不聞不問。

11 經過包裝的木偶政客

當「體系蕭條」跌至谷底時，「平庸社會」的政治領袖就按照自己的形象，為排隊木偶塑造一個領導人，以掌握政治領導權。這和大量生產、包裝、銷售商品所用的技法如出一轍。

當理查德・尼克森（Richard・Nixon）還是總統候選人時，他創下了一個新紀錄，即成為有史以來最注重包裝的政治人物。

他的競選總部進行廣泛的民意調查，並多方收集資料後交給電腦處理，電腦彙整出的報告，成為公關人員研究選民想聽的政見基礎。

然後，尼克森在一連串電視廣告上發表這些政見，將它們直接傳達給對這些政見有興趣的民眾。

這是史無前例的政治行銷手法：找出顧客的需求加以包裝，然後告訴他們，這就是他們想要的東西。

站在公正客觀的立場來說，從最好到最壞的產品或者政客都是用這種方法推銷出去的，這個行銷策略賣的是形象、包裝、品牌，而非內容。

有趣的是，尼克森的競選對手休伯特・漢弗萊（HubertH・Humphrey）竟然沒有批評尼克森的競選策略。

在長期接受電視的滋養之後，排隊木偶做好了萬全準備，他們可以將經過包裝的政客，視為有實力的總統候選人了。

遺憾的是，「經過包裝的木偶政客」大多會反映排隊木偶的價值觀，而後者則是體系蕭條下的產物。於是，這形成了一個惡性循環，從地位最低的小職員，到貴為一國之尊的元首皆包括在內。

在一個發展完全的「平庸社會」中，沒有真正的領袖。具有領袖頭銜的人，其實是最徹底的跟隨者。

民意調查和電腦左右了領袖的行為，如果口味多變的一般大眾像期待其他新產品一樣，期待「新配方」和「含有特殊成分」的產品，他們多變的口味為什麼不適用於對領導人的期待呢？

民意調查顯示，人們需要一個屬於群眾的人，於是他們會在電視上看到一個在烤肉、看電視、拍撫寵物、打高爾夫球的總統。

當人們口味翻新，不再對舊形象感興趣時，他們就會在電視上看到一個全新的總統，一個設計了新髮型、新演說技巧、新形象、新口號的總統。

因此，在不斷升遷的層級組織裡，即使是最高級的領導，也只是一個排隊木偶，領導和隨從，在行為上難以區分。

12 彼得處方

為了避免人們都成為排隊木偶，扭轉「體系蕭條」的頹勢，彼得博士提出了「彼得處方」，提供了六十六則改善生活品質的秘訣，讓讀者可以透過自我表現，發揮自己最大的潛能，不斷向前追求更美好的生活，而非向上攀緣、爬到無法勝任的職位，藉此擺脫彼得原理的陷阱。

彼得處方一：彼得熱身運動——重振活力在於運動。
彼得處方二：彼得靜心術——每天度個心靈假期。
彼得處方三：彼得全面檢視原則——列出你最喜愛的活動，有選擇地實施。
彼得處方四：彼得潔淨計劃——清除過去生活所造成的陰影。
彼得處方五：彼得追求法——做自己心目中的英雄。
彼得處方六：彼得驕傲感——時時犒賞自己。
彼得處方七：彼得實用主義——經常為他人服務。
彼得處方八：彼得座右銘——再度肯定自己。

彼得處方九：彼得檔案法——回溯個人歷史。
彼得處方十：彼得探尋法——檢查讓你滿足現狀的原因。
彼得處方十一：彼得延伸法——瞭解在你之上的職位的壓力和報酬。
彼得處方十二：彼得釋放法——免於不相關勢力的影響。
彼得處方十三：彼得波爾卡舞曲——跨越障礙是成功的第一步。
彼得處方十四：彼得人格面貌——描繪一個理想的自己。
彼得處方十五：彼得專精法——將注意力集中於自己熟練的領域。
彼得處方十六：彼得優先法——選擇持久的樂趣。
彼得處方十七：彼得潛力法——找尋實際可行的替代方案。
彼得處方十八：彼得先知法——預知自己的能力範圍。
彼得處方十九：彼得預測法——做事情前預測後果。
彼得處方二十：彼得可能法——可能的話，嘗試轉業。
彼得處方二十一：彼得之路——跟著良知走。
彼得處方二十二：彼得收容所——拒絕「升遷」。
彼得處方二十三：彼得短劇法——如果上司逼你接受一個你不感興趣的職位，你就假裝能力不足。

彼得處方二十四：彼得迴避法——不要對「樓上的人」太認真。
彼得處方二十五：彼得巧言法——用言語去澄清而不是去混淆觀念。
彼得處方二十六：彼得預想法——認清目標。
彼得處方二十七：彼得議案法——建立衡量成就的標準。
彼得處方二十八：彼得討論會——讓員工參與制訂目標的過程。
彼得處方二十九：彼得政策法——使團體目標與個人目標相融合。
彼得處方三十：彼得定位法——從需求而非形式的角度理解目標。
彼得處方三十一：彼得實用性——訂立可行的目標。
彼得處方三十二：彼得目標表達法——將目標訴諸言語和行動。
彼得處方三十三：彼得參與法——讓他人參與建設階段性目標的過程。
彼得處方三十四：彼得精確法——用明確、看得見或測得到的方式表達目標的具體內涵。
彼得處方三十五：彼得和平原則——和善地待人處事。
彼得處方三十六：彼得處理法——決策過程中運用理性。
彼得處方三十七：彼得時效法——當機立斷、及時行動。
彼得處方三十八：彼得平衡法——要在恐懼與急躁中取得平衡。

彼得處方三十九：彼得精簡法——以解決問題作為決策導向。

彼得處方四十：彼得分離法——將解決方案和人事問題劃分清楚。

彼得處方四十一：彼得承諾原理——不要做出一個沒有人贊同的決定。

彼得處方四十二：彼得效力法——勇於行動。

彼得處方四十三：彼得或然率——科學方法與預言的天賦都只能概略描繪出未來事物的輪廓。

彼得處方四十四：彼得明確法——在選擇或提升每位人選之前，先認清工作性質。

彼得處方四十五：彼得證明法——購買前先試用。

彼得處方四十六：彼得預演法——暗中進行考驗。

彼得處方四十七：彼得戲劇法——類比未來狀況。

彼得處方四十八：彼得請願法——嘗試臨時實驗性升職。

彼得處方四十九：彼得宣導法——培養新的勝任人選。

彼得處方五十：彼得理解法——用第三隻耳朵傾聽。

彼得處方五十一：彼得教學法——強化孩子所有合乎人道的行為。

彼得處方五十二：彼得配對法——將有效的強化因子和預期產生的強化因

子配對出現。

彼得處方五十三：彼得薪資法——只要表現優異就能獲得加薪。

彼得處方五十四：彼得升遷法——當升遷人選足以勝任新職位時，他才會將升遷視為一種報酬。

彼得處方五十五：彼得地位法——有系統地提高優秀員工所在職務的地位，以資鼓勵。

彼得處方五十六：彼得效率法——鼓勵員工相信效率為報酬之依據。

彼得處方五十七：彼得賞罰法——依表現優劣，賞罰分明。

彼得處方五十八：彼得利潤法——讓所有員工共同分享利潤，使員工成為和諧一致的團隊。

彼得處方五十九：彼得保護法——福利應該能為員工提供實質的安全感及有意義的享受。

彼得處方六十：彼得美食鋪——讓每名員工有權選擇他或她想得到的報酬。

彼得處方六十一：彼得目的法——若想鼓勵和強化員工的表現，就明確地告訴他們工作目標，並提供足以回報他們貢獻的獎勵機制。

彼得處方六十二：彼得參與法——獎勵團體表現。

彼得處方六十三：彼得授權法——為有能力者提供發揮創意的機會。

彼得處方六十四：彼得讚美法——傳達你對員工傑出表現的讚賞。

彼得處方六十五：彼得聲望法——要與各階層的優秀員工溝通。

彼得處方六十六：彼得趨近法——透過強化的手段，不斷地使一個人趨近理想的目標，可以改造一個人的行為。

如果上司逼你接受一個你不感興趣的職位，你就假裝能力不足。

第五條、80／20法則

世界上充滿了神秘的不平衡：20%的人口擁有80%的財富，20%的員工創造了80%的價值，80%的收入來自20%的商品，80%的利潤來自20%的顧客。

五、80／20法則

世界上充滿了神秘的不平衡：20％的人口擁有80％的財富，20％的員工創造了80％的價值，80％的收入來自20％的商品，80％的利潤來自20％的顧客。

1 一個經濟學家的神奇發現

一八九七年，義大利著名經濟學者帕累托（Vilfredo・Pareto，一八四八～一九二三）在研究中偶然注意到一件奇怪的事情：十九世紀英國人的財富分配呈現一種不平衡的模式，大部分的社會財富，都流向了少數人手裡。

在當今社會，這件事本身並沒有什麼值得大驚小怪的，但令帕累托真正感到興奮的是，這種不平衡模式會反覆出現，在不同時期或不同國度都能見到——不管是早期的英國，還是與他同時代的其他國家，或是更早期的資料——而且這種不平衡的模式有統計學上的準確性。

帕累托從研究中歸納出這樣一個結論：如果20％的人口擁有80％的財富，那麼就可以預測，10％的人將擁有約65％的財富，而50％的財富，是由5％的人所擁有。

在這裡，重點不僅是百分比，而在於一項事實：財富分配的模式是不平衡的，而且這種不平衡是可以預測的。

因此，80/20成了這種不平衡關係的簡稱，不管結果是否恰好是80/20，因為嚴格來說，精確的80/20關係不太可能出現。

後人對他的這項發現有不同的命名，如帕累托法則、帕累托定律、80/20法則、80/20定律、二八法則、最省力法則、不平衡原則等。

80/20法則無時無刻不在影響著我們的生活，然而人們對它知之甚少。約瑟夫．福特說過：「上帝和整個宇宙玩骰子，但是這些骰子是被動了手腳的。我們的主要目的，是要瞭解它是怎樣被動的手腳，我們又應如何使用這些手法，以達到自己的目的。」

儘管帕累托首先發現了80/20法則，但是這一法則的重要性在當時並沒有充分顯現出來。直到第二次世界大戰後，有兩位不同領域的先驅者開始引介80/20法則，終於引起世界性的轟動。

一九四九年，哈佛大學語言學教授吉普夫發現了「最省力法則」，該法則認為：資源（人、貨物、時間、技能或任何有生產力的東西）總是會自我調整，以求將工作量減少，而大約20%～30%的資源，與70%～80%的資源活動有關。

從某種意義上講，「最省力法則」實際上是對80/20法則的重新發現與闡釋。

引介80/20法則的另一位先驅是羅馬尼亞裔的美國工程師朱倫（Jos……Moses‧Juran），他是上個世紀50～90年代品質革命的幕後功臣，被稱為偉大的品質管理導師。

朱倫在一九二四年加入西屋電器（Western Electic），他的職務是工業工程師，他透過自己的研究和分析，發現了產品品質中所隱含的80/20法則。

朱倫的《品質管理手冊》一書在一九五一年出版，在這本跨時代的著作中，他大力頌揚了80/20法則：「經濟學者帕累托發現，財富分配是不平衡的。這種不平衡在其他許多事情中也可以找到：犯罪行為在犯罪分子身上的分佈，意外事件在危險過程中的分佈等等。帕累托的不平衡分佈法則，也能解釋產品品質不良的分佈。」

當時，美國大部分企業家對朱倫的理論缺乏興趣。

一九五三年，朱倫應邀前往日本演講，獲得熱烈的反響。於是他留駐日本，與幾家日本公司合作，並將其理論應用到生活消費品的價值與品質的提高上。

朱倫的理論對於日本工業的崛起推動很大。一九七〇年後，日本經濟迅速起飛，美國經濟感受到威脅，朱倫的理論才受到西方的尊重。於是他重回美國懷抱，並為美國工業做出了重大貢獻。

在朱倫的倡導和實踐下，80/20 法則廣為人知，並成為全球品質革命的中心思想。

2 神秘的不平衡

80/20 法則到底是什麼？是一種偶然的巧合，還是某種對於經濟和社會影響巨大的金科玉律？

從心理學的角度看，80/20 是反直覺的，我們的直覺常常這樣認為：

——所有的產品是一樣重要的；

——所有的顧客是一樣重要的；

——所有的投入是一樣重要的；

——所有的原因是一樣重要的；

……

因此，人們很容易做出這樣的假設：50％的原因或投入，會造成50％的結果及產出。

這種深植人心的「50/50 謬誤」，與事實往往不符，常常誘導人們誤入歧途。80/20 法則主張，當我們檢查和分析兩組因果有關的資料時，最可能出現的結果是一個不平衡模式。這種不平衡可能是 65/35、70/30、75/25、80/20、95/5 或 99．9/0．1，或是其他任何一個組合。

但是人們對這種不平衡沒有清晰的認識。當人們透過表像，瞭解到事物之間的真實關係時，往往會被它的不平衡嚇一跳。

例如，一位營業經理儘管有自己的種種揣測，意識到某一些顧客或產品比其他顧客或產品更能獲利，但當他瞭解其間真正的差異之後，往往會大吃一驚。

概率理論告訴我們，所有 80/20 法則所揭示的不平衡不可能都是隨機發生的，應該有一些更深奧的規律或原因隱藏於 80/20 法則背後。

為此，帕累托陷入苦思，想為他的發現找出一套合理的理論解釋，但最終也沒有發現具有說服力的理論。

後來渾沌理論的發展為 80/20 法則提供了很好的解釋。

渾沌理論與 80/20 法則有異曲同工之妙。渾沌理論指出，在看似紊亂的現象背後，有一種可預測的非線性關係。這種可預測的非線性關係，經濟學者保羅・克魯曼（Paul・Krugman）稱之為「神秘」、「怪誕」和「精確得可怕」的東西。

管理大師理查得・科克將渾沌理論與 80/20 法則放在一起進行分析，試圖找出 80/20 法則更深層次的理論基礎，他的分析主要有以下兩點：

◆不平衡

渾沌理論和 80/20 法則之間的共同點，是不平衡的問題。更精確地說，是不平衡關係的問題。渾沌理論或 80/20 法則都主張宇宙處於一個不平衡的狀態，因果關係很少是對等連結的。兩者都強調內在秩序的存在，有些力量總是強過其他力量。經由長時間追蹤不平衡現象的發展，渾沌理論有助於解釋為什麼會發生不平衡，以及它如何發生。

◆宇宙的發展是非線性的

80/20法則和渾沌理論一樣，是一種非線性的概念。任何系統都可以做一個80/20法則的非線性測試：我們可以問，20%的原因導致了80%的結果嗎？80%的現象真的僅與20%的原因有關嗎？這樣更有助於引導我們辨識出那些運作中的異常力量。

80/20法則與渾沌理論都揭示了世界的不平衡狀態，它們相輔相成，共同支配著這個奇妙的世界。

3 經濟有效的思維工具

80/20法則究竟能帶給人們什麼呢？

它可以教給人們獨特的思考方向與分析方法，可以讓人們針對不同問題，採取明智的行動。

凡是認真看待80/20法則的人，都會從中得到有用的思考和分析方法，可以更有效率地做事，甚至因此改變命運。

那麼如何運用 80/20 法則呢？

有兩種從 80/20 法則衍生的好方法，即「80/20 分析法」和「80/20 思考法」。

80/20 分析法是以系統、量化的方法來分析因果，也就是以量化方式對原因、投入、努力與結果、產出、報酬等勾劃出一個精確的比例關係，把它轉換成百分比的數目後，就能獲得一個近似的 80/20 關係。

運用 80/20 分析法，要先假設有 80/20 關係的存在，然後搜集事實，進行統計分析。這是一項實證程式，可能導出各種結果，自 51/49 至 99・9/0・1 都可能，但這些結果都顯示了不平衡的關係。

80/20 分析法極為有用，但大部分人並非天生就是分析家，而且就算是分析家，也不可能每做一個決定時都去分析資料——這必然會把生活弄得一團糟。如果我們需要用 80/20 法則作為日常生活的導師，我們需要的常常不是仔細的分析，而是立即可用的方法，所以我們更需要 80/20 思考法。

80/20 思考法比 80/20 分析法好用，而且速度更快。不過，在你對估計有疑慮時，80/20 分析法就可以派上用場。

我們所說的 80/20 思考法，是將 80/20 法則用於日常生活的非量化應用。

80/20思考法和80/20分析法一樣，我們一開始先假設，在投入和產出之間有一種不平衡的關係。但是，我們不需搜集資料來分析這個關係，而是大略估計它。

為了熟練使用80/20思考法，我們必須經常問自己：「是什麼因素讓20％的原因產生80％的結果？」我們絕不能以為自己已經知道答案，而必須花一點時間去做創意性的思考。

80/20思考法比較廣泛，它是一種不太準確而且屬於直覺式的程式，包含諸多我們的思維方式和習慣。正是這些思維方式和習慣，使我們設定了哪些東西是造成生活中重要事物的原因。80/20思考法讓我們能辨認出這些原因，並藉以重新運用資源，進而改善問題。

80/20思考法不要求你搜集資料，也不必認真去測試你的假設能否成立。因此，80/20思考法有時候可能會產生誤導。比方說，假如你辨認出一種關係了，便以為自己已經知道主要的20％是什麼，這樣得到的80/20關係並不十分準確，但是傳統的思考方法更容易誤導你。

「80/20分析法」和「80/20思考法」是80/20法則衍生出來最有效的兩種方法，具有一定的實踐意義。下列的一些建議有助於你應用80/20法則：

——獎勵特殊表現，而非讚美全面的平均努力。

——尋求捷徑，而非全程參與。

——練習用最少的努力去控制你的生活。

——選擇性地尋找，而非鉅細靡遺地觀察。

——在幾件事情上追求卓越，不必事事都有好表現。

——只做我們最能勝任，且最能從中得到樂趣的事。

——當我們處於創造力巔峰，幸運女神眷顧的時候，務必善用這珍貴的「幸運時刻」。

沒有任何一種活動不受80/20法則的影響。若想成為運用80/20法則的專家，你需要發揮你的創造力，積極觀察，並經常使用它！

4 八十%的收入來自二十%的商品

80/20法則經常體現在商品和利潤的關係上。

經營者如果對每一種商品在某一段時間的表現做一些分析，就會發現，有些商品雖然只占營業額的少數，但利潤非常可觀；大部分產品的利潤十分微薄；還有一些產品，在分攤了費用之後則會出現虧損現象。

如果我們做一個細緻的統計，就會發現商品和利潤的關係永遠不可能達到均衡。通常的情況是，占總商品20％的部分商品，所帶來的利潤卻占了全部利潤的80％；反之，剩餘80％的商品創造的利潤，僅僅占了全部利潤的20％。

因此，經營者要善於發現那些能帶來高額利潤的20％核心商品，把精力集中在這些商品上。簡單地說，就是發現我們經營中的招牌商品和佔據著大比重營業額的商品。

要注意的是，80/20法則不是說只需要掌握這20％的核心商品，其他的商品可以不管不顧，80/20法則的目的是讓你把主要精力投注在關鍵商品上。如果你對這樣一個黃金法則不屑一顧，那麼結局只能是盲目出售新商品，經常做一些無用的工作。

當然，商品與利潤之間的關係也不全是固定的80/20，80/20只是一種概說，是為了比喻的方便起見——80加上20等於100，這樣的數字不但直觀，而且易於記憶。

而在現實中，80％的利潤也可能來自於35％的商品，或者來自於20％的商品，甚至只是10％的商品。總之，這些數字都表現了一個內容：不平衡。在大多數情況下，商品與利潤之間絕非我們想像的50/50，而多半還是趨向於80/20。

若要使自己的企業在競爭激烈的市場浪潮中站穩腳跟，並更多地獲取利潤，採用80/20法則是十分必要的。因此，你要時刻關注為公司帶來80％利潤的商品，同時要洞察在未來有較大發展潛力的商品。

5 抓住關鍵的少數

運用80/20法則，我們還可以發現針對老顧客行銷的意義。

長期以來，在生產觀念和商品觀念的影響下，企業行銷人員往往關心的是商品或服務的銷售，他們把行銷的重點集中在爭奪新顧客上。

其實，與新顧客相比，老顧客會給企業帶來更多的利益。精明的企業在努力創造新顧客的同時，會想方設法將顧客的滿意度轉化為持久的忠誠度，像對待新顧客一樣重視老顧客的利益，努力與顧客建立長期聯繫。

老顧客對企業發展的重要性表現在以下幾個方面：

◆老顧客可以給企業帶來直接的經濟效益。經濟學家弗里德里克．里奇海爾德的研究證實：重複購買的顧客在所有顧客中所占的比例提高5％，對於一家銀行，利潤會增加85％；對於一位保險經紀人，利潤會增加50％；對於汽車維修店，利潤會增加30％。

◆老顧客可以給企業帶來間接的經濟效益。眾所周知，老顧客的推薦是新顧客光顧的重要原因之一。個人的購買行為必然會受到各種群體的影響，其中家庭、朋友、上司和同事是與其相互影響的一個重要群體，這個群體會使每個人的行為趨向一致，從而影響個人對商品和品牌的選擇。

◆大量忠誠的老顧客是企業長期穩定發展的基石。相對於新顧客來說，忠誠的老顧客不會因為競爭對手的誘惑而輕易離開。能成功留住老顧客的企業都知道，最寶貴的資產不是商品或服務，而是顧客。

所以，盲目地爭奪新顧客不如更好地保持老顧客。越來越多的企業認識到了老顧客對企業的價值，他們把建立和發展與顧客的長期關係作為行銷工作的核心，不斷探索新的行銷方式。

比如在競爭激烈的航空業、零售業等領域，留住老顧客已經成為企業戰略的主題。航空公司推出的「累計哩程卡計劃」、商場推出的「友情積分卡」等手段，都是為老顧客重複購買而設立的獎勵制度。

運用80/20法則，還可以幫助我們挖掘出一些關鍵顧客的價值。

在行銷過程中，企業不僅要對顧客進行「量」的分析，而且要進行「質」的分析。有些關鍵顧客，或許他們的購買量並不大，不能直接為企業創造大量的利潤，卻可以對其他顧客產生較大的影響。

比如，現在很多企業都使用產品代言人的策略，請影響力很大的歌星、影星或其他知名人士為自己的產品做宣傳，這樣，企業會在市場推廣、企業形象宣傳、公共關係等方面獲得許多難以估計的潛在「利潤」。

對顧客價值進行分析是運用80/20法則行銷策略的核心。一個企業應該對顧客進行細分，根據顧客的重要程度合理分配行銷力量，從全局的角度設計持久、穩健的顧客發展戰略。

抓住關鍵的少數顧客，你就抓住了成功。

6 地毯該換了嗎

如果靈活運用 80/20 法則，不僅可以使公司的利潤大大增加，而且可以使整個公司脫胎換骨。

喬治亞公司是一家年營業額達到數百萬美元的地毯供應商，這家公司過去只賣地毯，現在它也出租地毯，出租的是一塊塊接合在一起的地毯，而非整塊地毯。

原來這家公司意識到，在一塊地毯上，80％的磨損出現在20％的地方。通常，地毯到了要替換時，大部分的地方仍然完好無缺。

因此，在公司出租計畫中，一塊地毯只要檢查出有磨損或毀壞，就給客戶更換那一小塊磨損或毀壞的地方。

這種做法同時降低了公司和顧客的成本，使該公司的業務蒸蒸日上，而且引起許多家同行的仿效。

一個小小的80/20觀察，改變了一家公司，並且可能導致整個行業廣泛的變化。

如果你的公司大部分收益來自於一小部分的經營活動，你就應該完全轉變經營方向，集中精力來完善這一小部分的活動。

「某些東西就是比較重要」，這句話在所有情況下都能成立。如果沒有數據擺在眼前，沒有80/20法則的分析，我們總覺得，多數東西看起來較重要，而那些其實真正重要的東西則似乎可有可無。

就算我們在心裡接受這一點，卻是知易行難，無法立刻轉向，專注在真正應採取的行動上。

因此請務必把「關鍵少數」擺在你大腦的正前方，務必時時檢討自己，是否把較多的時間和努力放在關鍵少數上面，而不是浪費在無用的多數上。

市場和創業家一樣，都有本事把較低值的資源，轉變成高產值資源，並且使之產生效益。然而，不管是創業家或市場，這一點都做得不夠好——更別說今日過度膨脹的企業了。許多事情總是拖著一條叫做浪費的尾巴，這是一條長長的尾巴，花掉了80％的資源，卻只產生20％的價值。

這種狀況給真正的創業家提供了介入的機會。

7 二十％的瑕疵和八十％的品質問題

在企業經營管理的各個領域中，80/20 法則最早的應用是在品質管理領域。因為品質的問題，一個公司常常收到很多退貨。如果對這些退貨進行分析，你就會發現，在很多情況下，一小批不合格的產品導致了大量的退貨。

由此，我們可以引發到品質管理問題。

品質管理形成於最初的品質革命，其目的是達到產品零缺陷——當然，產品零缺陷這個問題在現代商品社會基本上被克服了。

第二次世界大戰之後，品質管理大師朱倫與戴明分別提出了關於品質管理的思想和理論，但都遭到了駁斥。當時的美國工商業界不接受這一理論，美國沒有一家公司看好他們的理論。

為此，朱倫和戴明移居到對他們的思想和理論感興趣的日本。在那裡，他們採取大量減少產品缺陷和降低製造成本的舉措。經過他們的努力，在日本締造出很多擁有高品質和高生產力的企業，掀起一股品質革命（或品質管理運動）的浪潮。

後來，眾多商品都是在品質革命的引導下，其質量和價值有了顯著提升，成了人們提高生活水準的重要保證。

朱倫認為，80/20法則是品質管理運動的一大關鍵。透過研究產品達不到標準的因素，他發現，問題的關鍵在於20％的瑕疵導致了80％的品質問題。

正是由於這一少部分瑕疵，使大量的產品受損。所以，應該把主要工作放在尋找那「關鍵少數」瑕疵的來源上，抓住關鍵的點，全力克服解決，而不必一次性將所有問題都擺在日程上。

如果彌補了具有決定性的20％的品質管理缺失，你就可以得到80％的收益。

品質管理運動對產品與顧客滿意度的影響也是很大的，這一點經常被管理者忽視，它不僅可以決定一個公司在市場競爭中的生存狀態，甚至會對一個國家產生深遠的影響。

對品質管理運動來說，80/20 法則是一股「關鍵少數」的力量，而它造就了今天全球消費的浪潮。

8 管理者的精力應放在關鍵問題上

80/20 法則對於管理者而言意味著什麼？

我們已經明白，用20％的付出，就能獲取80％的回報，下面的問題是，那20％的努力和工作是什麼？管理者應該怎樣去做？

在公司管理中，要運用 80/20 法則來調整管理的策略，首先就要看清楚公司在哪些方面是盈利的，哪些方面是虧損的。只有對局勢有了通觀的瞭解，才能對症下藥，制定出有利於公司發展的策略。

如果不瞭解公司在什麼地方賺錢，在什麼地方虧損，腦袋裡是一筆糊塗帳，也就無從談起 80/20 法則的運用，而那些瑣碎、無用的事情將繼續佔據你的時間和精力。

所以，一個經營者的首要任務是，對公司做一次全面的分析，細心檢視公司裡的每個細微環節，理出那些能夠帶來利潤的部分，從而制訂出一套有利於公司成長的策略。

你要找出公司裡什麼部門業績平平，什麼部門創造了較高利潤，又有哪些部門帶來了嚴重的赤字。透過這些分析比較，你就會發現有哪些因素在公司中起了舉足輕重的作用，而其他卻微不足道。

在企業經營中，少數的人創造了大多數的價值；獲利80%的專案只占企業全部專案的20%。因此，你應該學會時刻關注那些關鍵的少數，時刻提醒自己是否把主要的時間和精力放在關鍵的少數上，而不是用在獲利較少的多數上。

然而，在現實的商業活動中，許多企業家還沒有認識到80/20法則的作用，他們依然用陳腐的觀念進行經營管理，認為企業內所有的一切都應該傾注全部的精力。他們在許多事情上總是一概而論、不分主次，結果耗費了80%的資源和精力，卻只產生20%的價值。

對於管理者而言，認識80/20法則，不只是要你樹立幾個重要的觀念，更重要的是要把這些重要觀念轉化成習慣，進而用80/20法則來思考，用80/20法則來指導自己的行為。

9 有所為，有所不為

簡而言之，在經營管理上，80/20 法則所提倡的中心思想就是「有所為，有所不為」。

將 80/20 作為確定比值，本身就說明企業在管理工作中不應該事無鉅細，而要抓住管理中的重點，包括關鍵的人、關鍵的環節、關鍵的職位、關鍵的專案等等。

那些胸懷大志的企業家，就應該把企業管理的注意力集中到20％的重點經營專案上來，採取傾斜性措施，確保重點突破，進而以重點帶動全面，取得企業整體經營的進步。

這一企業管理法則之所以得到國際企業界的普遍認可，就在於它向企業家們揭示了這樣一個真理，要想創建優良的管理模式，為企業帶來效益，就要使自己的經營管理突出重點，就必須弄清楚企業中20％的經營骨幹力量、20％的重點產品、20％的重點客戶、20％的重點資訊以及20％的重點專案到底是哪些，然後將自己經營管理的注意力集中到這20％上來，採取有效的措施。

美國、日本的一些國際知名企業，經營管理層都很注重運用80/20法則指導企業經營管理運作，隨時調整和確定企業階段性20％的重點經營要務，力求採用最高效的方法，使下屬企業的經營重點也能間接地掌握上手、到定位、找出成效。這也就是為什麼美國和日本的企業雖然很大，但管理得有條不紊、效益優良。

80/20管理法則的精髓就在於使那些重點經營要務得到突出管理，並有效帶動企業的全面發展。

從美、日知名企業成功運用80/20法則的經營實踐中，我們得到兩點收益：其一，明確洞察自己企業中20％的經營要務是哪些。其二，明確了解應該採取什麼樣的措施，以確保20％的重點經營要務取得重大突破。

堅持這些原則，你的企業一定會改頭換面，煥發新的活力。

10 發現關鍵的人力資本

80/20 法則也適用於人力資本管理。

實驗證實，一個組織的生產效率和未來發展，往往取決於少數（比如20％）關鍵性的人才，這些人可以幫企業獲取大部分的利潤。

我們傳統的觀念是，多數人才為企業的發展做出了主要貢獻。實際上，這些人看起來也很忙碌，但並沒有為公司創造什麼價值。為企業或公司做出主要貢獻的其實是小部分人，是這20％的人創造了大部分利潤。

按照 80/20 法則進行人力資源開發，首先就是要找到這20％的關鍵人物。為了找出他們，企業需要做一次全面的 80/20 分析，其中包括：

產品或產品群分析；

顧客和顧客群分析；

部門及員工分析；

地區或經銷管道分析；

財務及員工收入分析；

與企業員工相關的資料分析；

……

透過種種分析，我們會發現哪些人是重要的，而哪些人是微乎其微的。運用 80/20 法則管理人力資本，有可能使人力資本的使用效率提升 1 倍。如果管理者無權或無力構建新制度，那麼在現行制度下局部使用了 80/20 法則，也會有助於組織目標的實現。

發現「關鍵少數」成員，實際上就是要發現對公司貢獻最大的人。人力資本不像管理成本和行銷成本，是看不見、摸不著的，這就需要管理者有「伯樂」般的眼睛，找出那些真正能為公司出謀獻策的人。

找到「關鍵少數」成員是必要的，但建立有效的收益分配機制，防止人員流失更為重要。

對組織中的「關鍵少數」成員和由「關鍵少數」成員構成的團隊，要實行動態管理，即實行優勝劣汰制度，勇於啟用優秀人才，淘汰不合格員工，建立具有魄力的管理制度。這是維持組織活力，保持組織核心競爭力的必要條件。

11 動手來種錢

擅長用 80/20 法則思考的人往往更容易致富，為什麼呢？因為他們懂得怎樣非常有效地運用自己的資金進行投資。

布拉德和克里斯是一對非常要好的同學，他們畢業後到同一家公司上班，因為他們所學的專業都是一樣的，所以他們在公司裡擔任的職位、領取的薪水也都一樣。

此外，兩個人都非常地節儉，因此他們每人每年都能攢下一筆同等數額的錢。

但是，兩人的理財方式完全不同。布拉德將每年攢下來的錢存入銀行，而克里斯則把攢下來的錢分散地投資於股票。

兩人還有一個共同的特點，那就是都不太愛去管錢，錢放到銀行或股市之後，兩人就再也沒去管過它們了。

如此這般過了四十年，克里斯成為擁有數百萬美元的富翁，而布拉德卻只有存摺上的區區十幾萬。數百萬美元在當今的社會中可以算得上富翁，但擁有十幾萬美元的人現在依然屬於一般階層。

布拉德親眼看著昔日的同學成為百萬富翁，而自己呢，四十年下來竟然連一所房子都買不起。

為什麼差距如此之大？

僅僅是理財方式的不同造成了如今這種結果。

仔細觀察，我們就會發現，窮人總是把富人致富的原因歸結為運氣好、從事不正當或違法的事業、更努力工作、克勤克儉……

但這些人絕不會想到，造成他們貧困的最主要原因是他們不懂得投資。大多數富人的財產都是以房地產、股票的方式存放，而大多數窮人的財產卻是存在銀行裡，他們認為那才是最保險的。

所以，你的投資決定了你的收入。認識到這一點之後，我們應及早地進行投資，找到自己的聚寶盆。

在你小的時候，你種下一顆樹的種子，它就會跟你一樣逐漸成長。其實，在理財方面也是如此。

一般來說，你每用錢進行一次正確的投資，你就在助長自己的現金流量，一段時間之後，它還會帶著更多的金錢回來。

喬．史派勒曾經寫過這樣一本書，叫《動手來種錢》。他在書中提到一個只剩下一美分的人，這個人一開始用僅有的一美分進行投資，他先將錢兌換成了銅幣，然後在心裡告訴自己每次花掉的錢，都要以十倍或更多倍的數量使它們再回到自己手上。這個人最後依靠這種方法獲得了更多的財富，最終使自己成為了一個富翁。

如果你能讓你的金錢流動起來，那它就是你的聚寶盆！

金錢就是你可以用最適合攜帶的形式來消化的個人能源，這種能源獨一無二。你可以將它送到遙遠的地方，去協助一個你信賴的專案，同時你也可以待在家裡做自己最喜歡的事。

或者可以這麼說，金錢是一種可即刻伸縮的能源，你只要加進一點愛和智慧，並將它送到它應該去的地方，它就能為你帶來更多的財富，就如同傳說中的聚寶盆一樣。

當然，也有些人擔心把金錢送出去之後，它們不能安全回來，於是他們將自己的錢儲存起來。可是，這樣做除了阻礙金錢的流動之外，還能給自己帶來什麼好處？你永遠也無法享用金錢帶來金錢的快樂。

12 時間管理的革命

忙碌的人總是覺得時間不夠用，其實，按照80/20法則，我們的時間不是不夠用，而是不會用。因此，我們必須進行一次時間管理的革命。

時間管理革命的實質就是思想的革命，它要求人們對時間的使用方式做出重新的調整和分配。

它要求人們按照80/20法則對時間的付出與回報做一個全面的、理性的分析，找出以前使用時間的誤區，讓自己從忙碌中尋找重要時間，使自己能夠在20％的時間裡創造出80％的價值，在20％的時間裡帶來80％的快樂。

每個人都應該進行一場時間革命。在還沒有接觸80/20法則之前，我們對時間的運用有很多的盲點。無庸置疑，對於飽受時間困擾的人來說，時間革命是一種能讓人們在最短時間內獲得最高的生活效率與最好的生活質量的方法。

在80/20法則和時間管理之間，還存在著這種妙不可言的關係。既然我們已經知道了其中的奧秘，就必須用自己的實踐去檢驗、去證實。

在我們的生活中，大多數有意義、有價值的事情往往發生在一小部分的時間裡。但讓你獲得成功的20%時間，也許並不一定完全就是讓你快樂的20%時間，所以你首先要學會區分，你必須明白自己的目標，你想獲得成就還是想得到快樂？

如果你想得到快樂，先認清哪些日子給你帶來許多的快樂。

一般來說，快樂的日子絕對不會佔據你總時間的80%，因為對於我們這些平常的人們來說，在快樂和不快樂之間，還有很多既非快樂也非不快樂的「一般日子」。

不過，你必須認清楚使自己不快樂的原因，並要觀察這些原因到底有哪些共同點。

如果你想獲得成功，你首先要確認自己經常有優秀表現的日子，它有可能是一週裡的某些天，或者是一個月裡的某些天，或是你一生中的某段時期，找到這些之後，你再試著找出它們之間的共同點。

此外，你還應該列出最停滯不前、工作效率最低的時期。同樣的，你還要注意這些時期有沒有什麼共同性。

當你弄明白自己的「快樂日子」和「成就時期」之後，就可以瞭解最擅長的是什麼、對自己最好的是什麼。

一旦你弄明白哪些活動能帶給你80%的成就和快樂，那麼你就應該鎖定這些基本目標，多花些時間在這些活動上。所以，80/20 法則與時間管理之間存在的這種奇妙關係，對我們提高辨事效率有著非常積極的意義。

我們堅信，只要你努力去發現能夠給你帶來最大快樂和成就的20%時間，你就一定能夠獲得一個快樂而成功的人生。

13 認識的人當中，多半是泛泛之交

仔細觀察，你就會發現，一小部分的人際關係，等於大部分的情感價值，數量少一些但程度深厚的人際關係，好過廣泛而膚淺的交際，這就是 80/20 法則

在人際關係中的應用。

有人說：「看一個人的人際關係，就知道他是怎樣的人，以及將會有何作為。大多數人的成功，都源於良好的人際關係。」的確，如果沒有與人建立關係，我們在這世上就算活著也無異於死去。友誼，是生命的重心——這話聽來老套，卻是真理。

人際關係，包括個人人際關係與職場人際關係，比如和朋友、情人、同事、上司、客戶以及其他我們珍視的人的關係。

人類學家認為，一個人所建立的愉快及重要的人際關係，其數目有限。在任何社會裡，常見的模式是一個人會擁有兩位重要的童年時代的朋友，兩位重要的成人朋友和兩位醫生；有兩位性伴侶的地位遠超過其他的性伴侶；普遍只談過一次戀愛；在親人中只對一位特別有感情。

不論地理位置、社會化程度或文化差異如何，所有人的重要人際關係都是相似的。

我們老是沒有在最重要的人身上多花時間，所以，80/20 法則對人際關係有以下令人震撼的假設：

①在我們全部的人際關係中，20％的關係，給了我們80％的價值。
②在我們人際關係的價值中，80％是來自20％的關係。
③對於產生80％價值的20％關係，我們所付出的關注遠不到80％。

另外，一個人在生命中最重要的決定，是選擇盟友。沒有盟友，幾乎無法成就任何事業。

但大部分的人在選擇盟友時並不謹慎，甚至根本不在意，以為盟友反正會出現，沒有必要用心去找。所以大部分的人選了錯誤的盟友，或者選了太多，沒有善加使用。

而採用80/20法則思考的人，會小心選擇少數盟友，以達目標。

找出給你最大幫助的人，將時間放在重要的人際關係上，並且珍惜你關鍵的盟友，這是80/20法則給你的珍貴建議。

14 發現自己的優勢

每一個渴望成功的人都在拼命尋求成功之道。

如果你發現自己至今仍然一無所成，內心覺得羞愧不安，並希望將來能夠有所作為，這時不妨學習一下 80/20 法則，也許你的痛苦會減輕。

某些勵志書的作者說：「成功是九十九分的努力加上一分的靈感。」其實，事實的真相並不是這樣。

現在，你應該靜靜地坐下來思考：你目前取得的成績中是否有80％的部分只付出了20％的努力？

如果你的回答是肯定的，那麼你要認真經營這20％的努力。

另外，你要認真考慮以下問題：

你是否能利用這20％的努力不斷地取得成功？你是否能讓自己的成就更上一層樓？你是否感受到了更多的成就感？回想一下你過去獲得好評的成就，是否符合 80/20 法則？在你取得成就的過程中，哪一種方法最適合自己？最愉快的合作夥伴是誰？

考慮清楚以後，你就不要在那些只產生了少量成就感的事情上浪費時間和精力，而要積極行動起來，找到自己的優勢，並把你的時間和精力集中在上面。

80/20 法則主張尋求自己的優勢，並專注於那些可以輕鬆完成的事情。而大部分勵志書的作者則宣揚，應該勇於嘗試那些你覺得困難的事，如果你這樣去做，最後只能是屢戰屢敗。

所以，80/20 法則告訴我們，要善於掌握自己的優勢，尋求那些自己非常喜歡、非常擅長、競爭不太激烈的事情去做，一定會有所成就。

15 找到人生最關鍵的事情

我們在工作、學習、生活中都想找到一種事半功倍的好方法，但是，怎樣才能掌握這種方法呢？

重要的一點就是找到人生最關鍵的事情。這一點在 80/20 法則中得到了很好的驗證，比如做工作時不應要求面面俱到，應該把握下手的關鍵地方，儘量避免繁瑣的過程。

傑克是一家電話公司的總裁。有一次，他想在辦公室的陽臺上設計一個小花圃，他對設計師說，自己工作繁忙，偶爾還要出國，因此沒有時間經常照料這個小花圃，設計師應著重設計出自動澆灌等省時、省力的裝置。

設計師沒有辦法，只好說：「你作為一名總裁應該很清楚，一個沒有園丁的花園怎麼可能長出花朵呢？」

這個故事的意思是，辦事情要抓到關鍵。

不僅如此，80/20 法則還要求我們將「辦事情抓到關鍵」作為一種生活、工作和學習的習慣，具體實行時，應採取均衡、合乎自然的原則，把最重要的工作放在首位。

那麼，如何讓自己做到這一點呢？

拿出紙筆，開始行動，我們有以下一些建議：

從現在開始，你認真安排一下自己未來一段時間的生活，做個詳細的計劃。這時你最需要明白的是，最關鍵的事情到底是什麼？想弄清這個問題就要先思考你最看重的是什麼？人生是為了什麼而奮鬥？你希望自己成為怎樣的人？為了達到這個目標，你能付出什麼？

將這些答案記下來，你會發現，其中包含了你對自身的期望，以及在人生中展現出來的一種80/20法則，你不妨將這些答案作為個人的信念或使命。

如果你還沒有建立自己的個人信念，那麼，你可以透過下面的方法得知自己生命中最關鍵的事：

①你覺得生命中最重要的事情有哪幾件？

②人生中的人際關係代表著什麼？

③你有怎樣的長期目標？

④你能為目標做出怎樣的貢獻？

⑤重新思考你最想得到的體驗是什麼？

⑥如果你對生活失去信心，會有什麼後果？

⑦如果你瞭解自己想要的東西，對生活會產生怎樣的期望？

⑧你所記錄的人生意義對你來說意味著什麼？它是否會影響你對時間和精力的安排？

⑨如果你已經清楚地意識到自己的價值觀和期望，你會如何安排以後的時間？

如果你已經為自己的將來制定了這樣一份表格，那麼，在你還沒有開始度過未來的一天之前，做一些反省吧！

如果你還沒有制訂表格，那麼請你想一想，生命中最重要的到底是什麼？

仔細思考之後，你會明白，如果你是個將事業進行得有聲有色的優秀工程師，但無法做個好丈夫或好父親，這表示，雖然你善於滿足別人的需求，但無法滿足個人成長的需要。

其實，生活不過是各種角色無次序的組合，你並不需要在每個角色上花費同樣的時間才能取得平衡，而是要抓住最關鍵的角色，完成最需要的事情。

如果你清楚地認識到各種角色之間的關係，就會自然而然地這樣做，你的生活也就隨之保持一種平衡。

人生的道理也是同樣的，找到你人生中最關鍵的事情，然後去努力奮鬥，你定將擁有一個成功輝煌的人生。

第六條、墨菲定律

如果壞事情有可能發生，不管這種可能性多麼小，它總會發生，並引起最大可能的損失。

六、墨菲定律

如果壞事情有可能發生，不管這種可能性多麼小，它總會發生，並引起最大可能的損失。

1 墨菲定律從天而降

一九四九年，一位名叫墨菲的空軍上尉工程師，認為他的某位同事是個倒楣蛋，不經意間開了句玩笑：「如果一件事情有可能被弄糟，讓他去做就一定會弄糟。」

這句話迅速流傳，並擴散到世界各地。在流傳擴散的過程中，這句笑話逐漸失去它原有的局限性，演變成各種各樣的形式，其中一個最通行的形式是：「如果壞事情有可能發生，不管這種可能性多麼小，它總會發生，並引起最大可能的損失。」

這就是著名的「墨菲定律」。

墨菲定律告訴我們，人類雖然越來越聰明，但容易犯錯誤是人類與生俱來的弱點，不論科技有多進步，有些不幸的事故總會發生。而且我們解決問題的手段越高明，面臨的麻煩就越嚴重。

錯誤是這個世界的一部分，與錯誤共生是人類不得不接受的命運。但錯誤並不總是壞事，從錯誤中汲取經驗教訓，再一步步走向成功的例子也比比皆是。因此，錯誤往往是成功的墊腳石。

2 惡意的麵包片

愛因斯坦有句名言：「上帝高深莫測，但他並無惡意。」

如果我們向上拋一枚硬幣，落地時可能有兩種情況，正面朝上或背面朝上。感性和理性都告訴我們，兩種情況出現的可能性是相等的。

然而西方人卻注意到一件小小的怪事：早餐時所吃的麵包片，如果不小心掉了下去，幾乎總是塗了奶油的一面著地，弄髒了麵包倒不足惜，弄髒了地板可實在是煩人。

在這件小事上，上帝好像在跟人們開玩笑，至少他不公正。人們便設法為上帝找了隻替罪羔羊，把弄髒地板的壞事歸咎於「墨菲定律」在冥冥中作怪。雖然英國人向來以刻板、拘謹、冷靜、理性聞名於世，但這次他們做了一個很有意思的試驗。

一九九一年，英國BBC廣播公司一些好事的節目主持人，在所有觀眾面前，播放了一場別開生面的演出：將塗有奶油的麵包片以各種方式拋向空中，共計三百次。統計結果證實，麵包片正反兩面著地的次數差不多相等。根據這個實驗，惡意的麵包片似乎與墨菲定律毫無關聯。

但是，到了一九九五年，另一位愛好數學的英國記者馬修斯登場了，他認為，由於人們不喜歡地板被弄髒，希望能否定墨菲定律，這種心理因素導致人們忽視了BBC電視實驗中的一個重要問題：早餐桌上發生的實際情況是，麵包片被碰出桌邊而掉下來，不是拋向空中再落下，兩者有本質的不同。

馬修斯沒有再做實驗，他借助於自己擅長的數學工具，運用力學原理，建立了一個數學模型。類比計算的結果是——地板必定會被弄髒。墨菲定律似乎

「起死回生」了。

一個簡單易懂的解釋是：地板被弄髒，不是那個不可思議的墨菲定律在作怪，而是決定於三方面的客觀原因——地球的引力、餐桌的高度和麵包片被碰出桌邊的水平速度。由於這三個原因的聯合作用，使麵包片在落地的過程中剛好翻轉一百八十度。

因此，整個事件根本不是隨機性事件，而是確定性事件，就像樹上的蘋果必然要落向地面而不是飛向空中一樣確定。

難道這種結果不可以改變嗎？

有人建議改變餐桌的高度，使麵包片落下時翻轉接近三百六十度，或者不到九十度。通常餐桌的高度是七十～八十公分，落體運動是加速運動，因此，餐桌必須再加高一倍至三公尺或再降低一半至二十公分才行。

細心的讀者可能還要提出進一步的修正，他們會說，麵包片的翻轉運動極可能是減速運動，考慮到這個因素，餐桌的高度還要加高或還要降低……

至此，餐桌應當加高或降低的精確值已經變得不重要了，反正那種特別高特別矮的餐桌是不會有銷路的。改變餐桌高度的主意並不好，更像個「愚人節」

的玩笑。

另外一個建議就荒唐透頂——改變地球引力。雖然這絕對不可能，但是可以設想如下情況：假如外太空的某個星球上有外星人，他們也在餐桌旁吃塗了奶油的麵包片。由於這個星球的引力與地球不同，是否就能避免弄髒地板的壞結果？

馬修斯的回答是——不！因為引力的變化必將引起外星人身高的變化，他們使用的餐桌也將隨之增高，變化了的引力和變化了的餐桌高度這兩個因素結合起來，所產生的結果卻是「萬變不離其宗」的，麵包片往下掉時仍將翻轉一百八十度，奶油仍將把地板弄髒！

看來，人們不得不接受那塊惡意的麵包片了。

3 錯誤是我們的影子

「墨菲定律」誕生於二十世紀中葉的美國並非偶然。這正是一個經濟飛速

發展，科技不斷進步，人類真正成為世界主宰的時代。

在這個時代，處處瀰漫著樂觀主義的精神：人類取得了對自然、疾病以及其他限制的勝利，並將不斷擴大優勢；人類不但飛上了天空，而且開始飛向太空；人類有能力修築巨型水壩、核電廠和太空站；人類能夠隨心所欲地改造世界的面貌……

這一切似乎昭示著一切問題都是可以解決的——無論遇到怎樣的困難和挑戰，人們總能找到一種辦法或模式戰而勝之。

正是這種盲目的樂觀主義，使人類得意忘形。對於亙古長存的茫茫宇宙來說，人類的智慧只能是幼稚和膚淺的。世界無比龐大複雜，人類雖很聰明，並且正變得越來越聰明，但永遠也不能完全瞭解世間的萬事萬物。

人類還有個難以避免的弱點，就是容易犯錯誤，永遠不犯錯誤的人是不存在的。

正是因為這兩個原因，世界上大大小小的不幸事故、災難才得以發生。

近半個世紀以來，「墨菲定律」這個幽靈攪得滿世界人心神不寧，它提醒我們：我們解決問題的手段越高明，我們將要面臨的麻煩就越嚴重，事故照舊還會發生，永遠會發生。

「墨菲定律」忠告人們：面對人類自身的缺陷，我們最好想得更周到、全面一些，採取多種保險措施，儘量防止偶然發生的人為失誤。

歸根到底，「錯誤」與我們一樣，都是這個世界的一部分，狂妄自大只會使我們自討苦吃，我們必須學會如何接受錯誤，並不斷從中學習。

4 犯錯一定是壞事嗎？

人們為了避免錯誤，絞盡腦汁地設計了許多「完美模型」，但任何完美的模型也避免不了人們犯錯誤的天性。

事實上，人們已經吃過無數次迷信「完美模型」的大虧：「鐵達尼號」曾被認為是「不可能沉沒」的；馬奇諾防線也被稱作「不可逾越」的；在發生核洩漏之前，每個核電廠都聲稱自己的安全系統是「萬無一失」的……

雖然錯誤是我們的影子，但它並不像我們認為的那樣可怕。

其實，在很多情況下，錯誤並不是什麼壞事。只不過我們要尊重它，而不是企圖掩蓋它。

一九二九年夏天，波士頓紅襪隊選手──卡爾·耶垂斯基成為棒球史上第十五個擊出三千次全壘打的人。

媒體對他十分注意，數百名記者在破紀錄的前一個星期，就開始報導他的一舉一動。

有一位記者這樣問他：「耶垂斯基，難道你不害怕這些注意力會使你發揮失常？」

耶垂斯基回答：「我的看法是，在我的運動生涯中，我的打擊數超出一萬次，也就是說我有七千多次未能成功地擊出全壘打。僅是這件事實就能使我不致失常。」

許多人認為成功與失敗是相對的。事實上，它們是一體的兩面。以耶垂斯基為例，打擊有打中與打不中兩種情形，這同樣適用於創造性思考：它能孕育出新創意，也會產生錯誤。

然而，仍有許多人不喜歡犯錯。我們的教育制度採用尋找「正確答案」的觀點來培養我們的思考能力，使我們的思考更加保守。

從小時候起，我們就被教導要尋找正確答案。正確答案是好的，不正確答案是壞的。

這種價值觀深植於學校的獎懲制度中，如：

九十分以上：優；

八十分以上：良；

六十分以上：及格；

低於六十分：不及格；

這種制度，讓我們從小學會要盡可能答對，最好不要答錯。換句話說，這種制度教會了我們「犯錯是壞事」的觀念。

假使你知道一點微小的錯誤也會對你不利時，你會牢記不可犯錯。更重要的是，你學到不要置自己於失敗之地，久而久之就形成了保守的思想模式，害怕成為一個「失敗者」。

有一個年輕人從大學畢業之後，很長時間都找不到一份工作。

後來，他到心理診所諮詢，專家發現他的問題就在於不懂得接受失敗。

他在十幾年的學校教育中，各項大小考試從未不及格過，這使他不願意嘗試任何可能招致失敗的工作。他的思維已經被塑造成這樣一種模式：失敗是壞事，而不是產生新機遇的潛在墊腳石。

瞧瞧周圍的人，有多少中級管理人員、家庭主婦、老師和其他無數的人因為害怕失敗而不願嘗試任何新事物？

許多人都牢記不可在公眾場合犯錯，結果我們錯過了許多學習的機會。

就現實而言，「犯錯是壞事」是有點道理，我們所生存的世界，要求我們在做成千上萬個工作時不可犯錯。想想看，假如你站在馬路快車道上或把手放到開水壺裡，一定會大吃苦頭。此外，工程師設計的橋樑倒塌，股票經紀人讓客戶血本無歸，以及設計廣告的人打出的廣告反使銷售量減少，那麼他們的工作都不可能維持太久。

然而，過於相信「犯錯是壞事」，會使你孕育新創見的機會大大減少。如果你只在意獲得正確答案，而不在意能否激發自己的創意，那麼你可能會誤用取得正確答案的法則、方法和過程。

你還可能忽視創造性過程的萌芽階段，僅花少許時間去證實假設、向規則挑戰、提出「假如」問題，你也可能僅注意難題而不去深入思考。

如此，所有的思考都會產生不正確的答案，從而把你引入歧途。

5 錯誤是前進的墊腳石

錯誤還有一個好用途，即能告訴我們什麼時候應該轉變方向。

當事情順利時，我們通常不會想去改變方向，因為在大多數情形下，我們的反應是根據「負向反饋」的原則做出的。通常我們只在事情不順或沒做好工作時，才會注意到它們。

比如現在你可能不會想到你的膝蓋，那是因為膝蓋好好的。同樣的情形也可適用你的手肘，它們都在正常運動，一點問題也沒有。但是假如你折斷了一條腿，你會立刻注意到你以前能做到的事，現在都沒辦法做到了。

我們主要是從嘗試和失敗中學習，而不是從正確中學習。假如我們每次都做對了，就不需要改變方向，只要繼續前進，直到結束。

例如，超級油輪卡迪茲號在法國西北部的布列塔尼沿岸爆炸後，成千上萬噸的油污染了整個海面及沿岸，於是石油公司才對石油運輸的許多安全設施重加考慮。

同樣地，在三里島核子反應爐發生意外後，許多核反應過程和安全設施都改變了。

錯誤具有衝擊性，可以引導人想出更多細節上的事情，只有多犯錯，人們才會多進步。

假如你工作的例行性極高，你犯的錯誤就可能很少。

但是如果你從未做過此事，或正在做新的嘗試，那麼發生錯誤在所難免。發明家不僅不會被成千上萬的錯誤所擊倒，而且更會從中得到新創意。

在創意萌芽階段，錯誤是創造性思考的必要副產品。就如耶垂斯基說的：「假如你想打中，先要有打不中的準備。」

每當出現錯誤時，我們通常的反應是：「真是的，又錯了，真是倒楣啊！」

從另一方面看，有創造力的思考者會瞭解錯誤的潛在價值，他們會說：「看這個！它能使我們想到什麼？」然後他會把這個錯誤當做墊腳石，來產生新的創意。

事實上，人類整個發明史充滿了利用錯誤假設和失敗觀念來產生新創意的人。哥倫布以為他發現了一條到印度的捷徑，結果卻發現了新大陸；開普勒偶然間得到行星間引力的概念，卻是由錯誤的理由得到的；愛迪生也是嘗試了上萬種不能做燈絲的材料後，才找到了鎢絲。

6 快點犯完錯誤

某家廣告公司的創意總監認為，除非有一半時間都失敗，否則他不會快樂，他說：「假如你想做個原始創意人，就需要犯很多錯誤。」

一家發展迅速的電腦公司總裁告訴員工：「我們是發明家，我們要做別人從未做的事。因此，我們將會產生許多錯誤。我給你們的勸告是：『可以犯錯，但是要快點犯完錯誤。』」

一家尖端科技公司的某部門經理，詢問副總工程師新產品的市場成功率，得到的答案是「大約50%」，這位經理回答說：「太高了，最好設定在30%，否則在我們的計劃內，我們會因太保守而不敢放手去做。」

銀行業也有相同情形。據說如果貸款經理從未放過呆賬，就可以斷定他做事不夠積極。

IBM的創始人湯瑪斯．華生有類似的話：「成功之路就是使失敗率加倍。」

至少我們可以這樣說，錯誤是脫離常軌和嘗試不同方法的指標。

大自然提供了以試錯法來進行改變的絕佳實例。

每一次基因繁殖時發生的錯誤，就會導致遺傳上的突變發生。在大多數的情況中，這些突變對物種都有不利影響，使其遭到自然選擇的淘汰，但是偶爾也會產生對物種有利的突變，且會遺傳給下一代。

地球上之所以有如此多的生物，就是這種試錯過程的結果。如果原生的阿米巴蟲不產生任何突變的話，哪會有今天的人類呢？

在你創造過程的萌芽階段，錯誤是你偏離正軌的警告，如果你一直很少失敗，那就表示你不是很有創造力。

但是，犯錯誤也是有學問的，以下幾條是你應當注意的：

①如果你犯了錯，就把它當成獲得新創意的墊腳石。

②區分「嘗試犯錯」和「避免犯錯」的不同，後者的代價要大於前者。如果你未曾犯錯，那你應該問問自己：「由於太過保守，我錯失了多少機會？」

③加強你的「冒險」力量，每個人都有這種能力，但必須常常運用，否則就會退化。你可以把至少二十四小時冒一次險列為生活的重點。

④要記住失敗的兩種好處：第一，如果你的嘗試失敗了，你將知道哪條路行不通；第二，失敗給予你嘗試新方法的機會。

7 接受不可避免的事實

有位企業家做了一個錯誤的決定，這個決定讓他蒙受了一筆巨大的損失。在這之後，他拒絕承認自己的失誤，拒絕接受不可避免的事實，並想去反抗它。結果，他失眠了好幾夜，痛苦不堪，但問題一點兒也沒解決。

更嚴重的是，這件事還讓他想起了很多以前細小的挫敗，他在灰心失望中折磨著自己。

這種自虐的情形竟然持續了一年，直到他向一位心理專家求救後，才徹底地從痛苦中解脫出來。

如果我們考察一下那些著名的企業家或政治家，就會發現，他們大多數都能接受那些不可避免的事實，讓自己保持平和的心態，過一種無憂無慮的生活。否則，他們立刻就會被巨大的壓力壓垮。

「當我們不再反抗那些不可避免的事實之後，」愛爾西．麥可密克在一篇文章中這樣寫道，「我們就能節省下精力，去創造一個更加豐富的生活。」

既抗拒不可避免的事實，又去創造新的生活，誰都沒有這樣的情感和精力。你只能在兩者中間選擇其一：可以選擇接受不可避免的錯誤和失敗，並拋下它們往前走，也可以選擇抗拒它們，變得更加苦惱。

如果我們不接受一些不可避免的挫敗，而是去反抗它們的話，我們會遇到什麼樣的結果呢？答案非常簡單，它會產生一連串的焦慮、矛盾、痛苦、急躁、緊張等，我們會因此整天神經兮兮、不知所終。

「對必然之事，輕快地加以接受。」這是一句古老的猶太格言。在今天這個充滿緊張、憂慮的世界，忙碌的人們比以往更需要這句話。

吧。

既然如此，那就接受不可避免的事實，保持樂觀的態度，輕鬆地生活下去吧。

8 不幸中隱藏著幸福種子

黎明前總會有些黑暗，中國有句古語，叫「塞翁失馬，焉知非福」，說的是有些看似不好的現象，實際上正是出現幸福的前兆。

勞倫斯是一家食品製造公司的專案負責人，主管一個新產品的開發工作，他正處於事業發展的黃金時期。

然而公司一次意外的決定改變了他的人生方向：公司高層決定研製另一種產品，並且決定派他到一個小地方去負責該專案。

接到公司指令後，勞倫斯心裡感到十分沮喪，因為這與他想在公司出人頭地的計畫不相符合，而且他還不得不離開家人，到外地去就任。

想不到生活給了他意外的驚喜。到了那個地方之後，他發現那是一份很有價值的工作。更讓他驚喜的是，當地溫暖的氣候和他的體質正相適宜，那裡有都市生活無法體驗的自然環境，他在那裡找到了自己非常喜歡的運動——潛水。於是他的生活輕鬆自在，並且建立了很好的人際關係。

在他結束兩年的任期回到公司時，更幸運的事情發生了。和他一起潛水的夥伴中，有一個人是某家大型超市的常務董事，在他們的交流中，該董事對於勞倫斯負責開發的新產品非常感興趣，於是下了很大的一筆定單。

於是，勞倫斯不僅開發出了新產品，而且還為公司的銷售作出了很大貢獻，擴大了公司產品的市場佔有率。公司高層給予勞倫斯很高的評價，在他35歲的時候，就被升遷為公司的董事。

從這個故事可以看到，人生並沒有絕對的「禍」，也沒有絕對的「福」。開始認為不幸的事情，實際上可能變成幸運事情的前兆。禍福都是人生中常有的事，因此不要害怕降臨在自己身上的麻煩和意外。在這種時候，如果能夠稍微改變一下自己的觀點和想法，就更有可能得到「幸福的種子」。

9 即使上帝關上所有的門，也會為你留扇窗

天無絕人之路，不管你經過多少挫折、多少磨難，只要你努力，一定會創造出奇蹟，相信下面的小故事會讓你有所收穫。

他五歲時就失去了父親。

他十四歲時從格林伍德學校輟學開始了流浪生涯。

他在農場做過雜活，做得很不開心。

他當過電車售票員，也很不開心。

十六歲時他謊報年齡參了軍，但軍旅生活也不順心。

一年的服役期滿後，他去了阿拉巴馬州，在那裡他開了個鐵匠鋪，但不久就倒閉了。

隨後他在南方鐵路公司當上了機車司爐工。他很喜歡這份工作，他以為終於找到了屬於自己的位置。

他十八歲時結了婚，僅僅過了幾個月時間，在得知太太懷孕的同一天，他又被解雇了。

接著有一天，當他在外面忙著找工作時，太太賣掉了他們所有的財產，逃回了娘家。

隨後大蕭條開始了。他沒有因為老是失敗而放棄，別人也是這麼說的，他確實非常努力了。

他曾透過函授學習法律，但後來因生計所迫，不得不放棄。

他賣過保險，也賣過輪胎。

他經營過一條渡船，還開過一家加油站。

但這些都失敗了。

有人說，認命吧，你永遠也成功不了。

有一次，他躲在維吉尼亞州若阿諾克郊外的草叢中，謀劃著一次綁架行動。他觀察過那位小女孩的習慣，知道她下午什麼時候會出來玩。他靜靜地埋伏在草叢裡，思索著，他知道她會在下午兩三點鐘從外公的家裡出來玩。

儘管他的日子過得一塌糊塗，可在這此之前他從來沒有過綁架這種冷酷的念頭。然而此刻他藉著屋外樹叢的掩護，躲在草叢中，等待著一個天真無邪、長著紅頭髮的小姑娘進入他的攻擊範圍。為此他深深地痛恨自己。

可是，這一天，那位小姑娘沒出來玩。

因此他還是沒能突破他一連串的失敗。

後來，他成了一家餐館的主廚。但一條新修的公路剛好穿過那家餐館，他又一次失業了。

接著他就到了退休的年齡。

他並不是第一個，也不會是最後一個到了晚年還無以為榮的人。

幸福鳥，或隨便什麼鳥，總是在不可企及的地方拍打著翅膀。

他一直安分守己，除了那次未遂的綁架，但他只是想從離家出走的太太那兒奪回自己的女兒。不過，母女倆後來回到了他身邊。

時光飛逝，眼看一輩子都過去了，而他卻一無所有。

要不是有一天郵局給他送來了他的第一份社會保險支票，他還不會意識到自己老了。

那天，他身上的什麼東西憤怒了，覺醒了，爆發了。

政府很同情他。政府說，輪到你擊球時你都沒打中，不用再打了，該是放棄、退休的時候了。

他們寄給他一張退休金支票，說他「老」了。

他說：「呸。」

他收下了那一百美元的支票，並用它開創了新的事業。

而今，他的事業欣欣向榮。

而他，也終於在八十八歲高齡大獲成功。

這個到該結束時才開始的人就是哈倫德・山德士，肯德基的創始人。他用他第一筆社會保險金創辦的嶄新事業正是「肯德基」。

即使上帝關上所有的門，他還會給你留一扇窗，而你自己，一定要有永不言敗的精神！

10 走過陰霾見藍天

有時，一些錯誤可能會使我們的事業和生活面臨危機。這是最能考驗一個人品質、膽識和能力的時候。別忘了，「危機」是由「危險」和「機遇」構成的。

如果你知道怎樣利用危機的話，它將是你最大的盟友。假如你希望利用危機，你得知道自己想要什麼，必須有明確的目標，並且隨時準備冒險去達到它。

在一片危機和無序中行動的好處，就是別人還處在沒有組織、困惑或混亂的狀況中的時候，你卻一直看著危機的發展，你瞭解事情的因果始末，這對你做判斷、做領導大有益處。

如果你是真的知道自己想要什麼的人，同時你又表現得很冷靜，對於所有的困惑都有清晰的認識，那麼你就會比那些深陷在混亂中的人更強大，更能有邏輯地思考——這會造就你領導者和成功者的氣質。

陷入危機的人會發生什麼事？

在危機當中，人們會害怕失去他們的安全、工作、婚姻、尊重、愛或控制，他們害怕別人會注意到自己的無能，他們害怕失去自認為重要的東西。所以這個時候有拯救他們的人出現，他們就會支持這個人。

在危機中，人們也會覺得無能為力，他們需要有人指引方向，經常只為了有目標而做選擇，陷入危機的人會靠近看似最有自信或明確知道該怎麼做的領導人物。

混亂和危機會帶給你很好的出頭機會。因為此時正是別人的領導權面臨最低潮的時候，也正是你表現出權威感，在危難的形勢中呈現自己的最佳時機。

如果你真正地走過了危機，走過了苦難，你會發現，陰霾過後的藍天更亮更藍，你也會有足夠的信心迎接一個全新的明天。

別忘了，「危機」是由「危險」和「機遇」構成的。

第七條、破窗理論

如果有人打壞了一棟建築上的一塊玻璃，又沒有即時修復，別人就可能受到某些暗示性的縱容，去打碎更多的玻璃。

七、破窗理論

如果有人打壞了一棟建築上的一塊玻璃，又沒有即時修復，別人就可能受到某些暗示性的縱容，去打碎更多的玻璃。

1 一項有趣的「偷車」試驗

美國心理學家詹巴竇曾進行過一項有趣的試驗：

他把兩輛一模一樣的汽車分別停放在兩個不同的街區，其中一輛完好無損，停放在帕羅阿爾托的中產階級社區，而另一輛，摘掉車牌、打開頂棚，停放在相對雜亂的布朗克斯街區。結果怎樣呢？

停在中產階級社區的那一輛，過了一個星期還完好無損；而打開頂棚的那一輛，不到一天就被偷走了。

後來，詹巴竇把完好無損的那輛汽車敲碎一塊玻璃，僅僅幾小時就不見了。

以這項試驗為基礎，美國政治學家威爾遜和犯罪學家凱林提出了一個「破

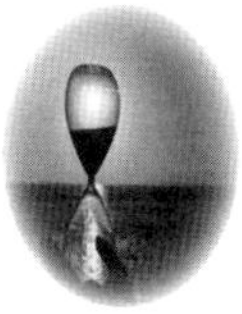

窗理論」。他們認為：如果有人打壞了一棟建築上的一塊玻璃，又沒有即時修復，別人就可能受到某些暗示性的縱容，去打碎更多的玻璃。

久而久之，這些窗戶就給人造成一種無序的感覺，在這種麻木不仁的氛圍中，犯罪就會滋生、蔓延。

2 是誰在暗示和誘導你

「偷車試驗」和「破窗理論」更多的是從犯罪的心理去思考問題，但不管把「破窗理論」用在什麼領域，角度不同，道理卻相似：環境具有強烈的暗示性和誘導性，必須及時修好「第一扇被打碎玻璃的窗戶」。

推而廣之，從人與環境的關係這個角度去看，我們周圍生活中所發生的許多事情，不正是環境暗示和誘導作用的結果嗎？

比如，在窗明几淨、環境優雅的場所，沒有人會大聲喧嘩，或「噗」地吐出一口痰來；相反地，如果環境髒亂不堪，倒是時常可以看見吐痰、便溺、打鬧、互罵等不文明的舉止。

又比如，在公車站，如果大家都井然有序地排隊上車，又有多少人會不顧眾人的文明舉動和鄙夷眼光而貿然插隊？與這相反，車輛尚未停穩，猴急的人們你推我擁，爭先恐後，後來的人如果想排隊上車，恐怕也沒有耐心了。因此，環境好，不文明之舉也會有所收斂；環境不好，文明的舉動也會受到影響。人是環境的產物，同樣，人的行為也是環境的一部分，兩者之間是一種互動的關係。

在公共場合，如果每個人都舉止優雅、談吐文明、遵守公德，往往能夠營造出文明而富有教養的氛圍。千萬不要因為我們個人的粗魯、野蠻和低俗行為而形成「破窗效應」，進而給公共場所帶來無序和失去規範的感覺。

從這個意義上說，我們平時一直強調的「從我做起，從身邊做起」，就不僅僅是一個空洞的口號，它決定了我們自身的一言一行對環境造成什麼樣的影響。

在社會其他領域，同樣存在著「破窗效應」，關鍵是我們如何去把握環境的這種暗示和誘導的作用。

3 最關注的是「毛毛雨」犯罪

紐約市在上個世紀八○年代的時候，真是無處不搶、無日不殺，大白天走在馬路上也會害怕。地鐵更不用說了，車廂零亂，到處塗滿了污言穢語，坐在地鐵裡，人人自危。有位教授被人在光天化日之下敲了一記悶棍，眼睛失明，從此結束了他的研究生涯。這一切使得外地人對紐約談虎色變，都不敢隻身去紐約。

紐約市交通警察局局長布拉頓在給《法律與政策》雜誌寫的一篇文章中談到：

「地鐵無序和地鐵犯罪在八○年代後期開始蔓延。那些長期逃票的、違反交通規則的、無家可歸的、罵街的、站臺上非法推銷的、牆壁上塗鴉的……所有這些加在一起，使得整個地鐵裡瀰漫著一種無序的空氣。我相信，這種無序就是使搶劫犯罪率不斷上升的一個關鍵動因。因為那些偶然性的犯罪，包括一些躁動的青少年，已經把地鐵完全看成是可以為所欲為、無法無天的場所。」

布拉頓採取的措施是號召所有的警察認真推進有關「生活品質」的法律，

他以「破窗理論」為師，雖然地鐵站的重大刑事案不斷增加，他卻全力打擊逃票。

結果發現，每七名逃票嫌疑犯中，就有一名通緝犯；每二十名逃票嫌疑犯中，就有一名攜帶武器。令人難以置信的是，從抓逃票開始，地鐵站的犯罪率竟然開始下降，治安大幅好轉。

一九九四年一月，布拉頓被任命為紐約市的警察局長，就是因為他對「破窗理論」的出色闡釋和應用。升為警察局長以後，布拉頓開始把這一理論推廣到紐約的每一條街道、每一個角落。他認為，這些「小奸小惡」正是暴力犯罪的引爆點。針對這些看來微小，卻有象徵意義的犯罪行動大力整頓，帶來了很好的效果。

「警局的最高主管居然要關心街頭那些『毛毛雨』犯罪，這在紐約市是史無前例的，甚至在整個美國絕大多數警察局也是史無前例的。」馬里蘭大學政策研究專家沙爾曼感慨地說。

事實就是如此，在「破窗理論」的指導下，紐約市的治安大幅好轉，甚至成為全美大都會中治安最好的城市之一。人們把這個龐大都市幾十年來從沒有過的嶄新氣象都歸功於布拉頓。

4「紅牌作戰」和「小題大做」

「破窗理論」在社會治安綜合治理以及反腐敗中的作用是顯而易見的，不僅如此，它在企業管理中也有著重要的借鑑意義。在日本，有一種稱作「紅牌作戰」的品質管理活動，主要內容包括以下幾個方面：

①清理：清楚區分要與不要的東西，找出需要改善的事、地、物。

②整頓：將不要的東西貼上「紅牌」；將需要改善的事、地、物以「紅牌」標示。

③清掃：有油污、不清潔的設備貼上「紅牌」；藏汙納垢的辦公室死角貼上「紅牌」；辦公室、生產現場不該出現的東西貼上「紅牌」。

④清潔：減少「紅牌」的數量。

⑤修養：有人繼續增加「紅牌」；有人努力減少「紅牌」。

企業借助「紅牌作戰」的活動，可以讓工作場所變得整齊清潔，工作環境變得舒適幽雅，企業成員都養成做事耐心細緻的好習慣。久而久之，大家都遵守規則，認真工作。

許多人認為，這樣做太簡單，芝麻小事，沒什麼意義，而且興師動眾，沒有必要。但是，一個企業產品質量是否有保障的重要標誌，就是生產現場是否整潔。這是「破窗理論」在企業管理領域一個直觀的體現。

更重要的可能在於，企業中對待「小奸小惡」的態度，特別是觸犯企業核心價值觀念的一些「小奸小惡」，小題大做的處理是非常必要的。

美國有一家公司，規模雖然不大，但以極少炒員工魷魚而著稱。有一天，資深車工傑瑞在切割台上工作了一會兒，就把切割刀前的防護擋板卸下放在一旁。沒有防護擋板，收取起加工零件會更方便、快捷一些，這樣傑瑞就可以趕在中午休息之前完成三分之二的零件了。

大約過了一個多小時，傑瑞的舉動被無意間走進工廠巡視的主管逮了個正著。主管雷霆大怒，除了目視著傑瑞，令他立即將防護板裝上之外，又站在那裡大聲訓斥了半天，並聲稱要作廢傑瑞一整天的工作量。

此時，傑瑞以為事情已經結束了。沒想到，第二天一上班，傑瑞就被通知去見老闆。傑瑞以那間受過多次鼓勵和表彰的總裁室，聽到了要將他辭退的處罰通知。總裁說：「身為老員工，你應該比任何人都明白安全對於公司意味著什麼。你今天少完成了零件，少實現了利潤，公司可以換個人換個時間把它們補起來，可你一旦發生事故、失去健康乃至生命，那是公司永遠都補償不起的……」

離開公司那天，傑瑞流淚了，工作了幾年時間，傑瑞有過風光，也有過不盡人意的地方，但公司從沒有人對他說不行。可這一次不同，傑瑞知道，這次碰到的是公司靈魂的東西。

對於影響深遠的「小過錯」，「小題大做」去處理，以防止「千里之堤，潰於蟻穴」，正是即時修好「第一個被打碎玻璃的窗戶」的明智舉措。

5 千里之堤，潰於蟻穴

某屋的一扇玻璃窗被打碎，如果得不到及時修理，就是一個信號：沒有人關心玻璃是否完好。於是，「破窗效應」開始發生作用，更多的玻璃被打碎。

對於一個企業來說，一扇被砸的玻璃窗可能是產品質量出現了新問題；日益擴張的銷售管道難以得到控制與管理；流動資金大都壓在進料、生產上，企業面臨現金流量缺口等等。

作為管理者，如何高度警覺最先破碎或可能破碎的玻璃窗，從而將一系列不利影響的事情「察於未萌、止於未發」呢？

如果把「危機」定義為「干擾自然流程的任何事件」，那麼「危機管理」便是防止破窗效應發生的最理想手段。

沒有哪一個企業能夠完全避免危機的發生，因為不斷變化的外部力量才是危機產生的主要原因。因此，最佳的防禦措施就是苦練內功、做好準備，這樣一方面可以減少危機發生的機率，另一方面則可以在危機發生時，集中力量控制局面。

那麼，一個企業又該如何苦練內功、做好準備呢？

(1)預防危機

第一步，平時除了嚴格注重生產品質，加強產品配套服務，維護產品價值之外，企業管理者尚需對「可能破碎的玻璃窗」有著清楚的預見。

這一點可透過相關指標獲得。

可量化的預警指標：任何企業的運作都可以透過對一些「關鍵值」的測量來反映其是否可以安全運行或是否有潛伏的危機，比如賓館的入住率，成長階段企業的淨現金與總資產之比（現金加上有價證券減去應付票據和契約規定的義務除以總資產）。

不同行業、不同規模的企業採取的量化預警指標也有較大的區別，如對小型零售企業來說，「單位面積銷售量」與「單位員工銷售量」是關鍵值，而對大型零售企業來說，其「資金周轉速度」、「現金流量」等一系列指標才是關鍵值。

總之，每個企業都應結合其實際情況設立一套關鍵值指標體系，以測量其運作的健康狀況。

有時，一些非量化的指標也能起了危機預警作用。比如，媒體對企業相關事件的負面報導，全新對手的出現，銀行對其信用評級度的降低等等，都是危機出現的信號，管理者應對其有足夠的重視。

第二步，建立分析檢查的制度。

針對各種量化、非量化的信號，瞭解最新情況，使危機在發生之前得以解決，避免產生對企業業務與利潤的不良影響。

分析檢查小組需要由來自企業生產、維修、銷售、人力資源、財務等各部門的專業人員組成，以使他們及時了解各自領域記憶體在的風險隱患，分析問題並分配資源來解決問題，將危機解決在發生前。

(2)正確、恰當地解決危機

當危機發生以後，對危機的有效管理有助於企業在行業內，客戶、員工面前樹立穩定、可信、可依賴的重要形象。

那麼如何來解決危機呢？

資訊溝通被普遍認為是最強有力的防衛工具。福萊靈克公關諮詢有限公司為我們提供了一個解決危機的公式——3W、4R、8F。

3W是指在一場危機中，溝通者需要儘快知道三件事：

我們知道了什麼——What did we know？

我們什麼時候知道的——When did we know——out it？

我們對此做了什麼——What did we do——out it？

危機發生後，企業尋求問題產生的原因並及時做出有效反應，將決定危機處理的成敗與否。如果企業對於危機的認識不足或反應太慢，就會在接下來的時間裡處於被動局面。

4R是指在收集到正確的資訊之後，要把危機處理當作一個過程來執行。企業要表達遺憾（Regret），保證解決措施到位，防止未來相同事件發生（Reform）並且提供賠償（Restitution），直到安全解決危機（Recovery）。

一八二五年，部分患者因服用泰諾藥片而中毒死亡，強生公司的領導在第一時間裡對此事件做出反應，一方面收回了正在銷售的該藥品，另一方面在媒體上公開道歉，並為受害者家屬進行賠償。正是因為強生公司進行了4R處理，這場危機最後被化為無形。

8F則是執行3W與4R中應該遵循的八大原則：

①事實（Factual）：向公眾說明事實的真相。
②第一（First）：率先對問題做出反應。
③迅速（Fast）：處理危機時要迅速果斷。
④坦率（Frank）：溝通情況時不要躲躲閃閃。
⑤感覺（Feeling）：與公眾分享你的感受。
⑥論壇（Forum）。
⑦靈活性（Flexibility）。
⑧反饋（Feedback）。

危機發生後，不同的處理方式直接影響著企業的發展。若企業在堅持8F的前提下做到3W與4R，就可以比較成功地解決突發危機事件，修好被打碎的「第一塊玻璃」。

6 校園裡的「破窗」

學校是社會生活的一個縮影，「破窗現象」在其中體現得尤其充分。

在一位教師的記憶中有這樣一個事例。

有一年，他的班級接受了一個留級生，在他的記憶中，這是他從事教育工作六年中唯一碰到過的一個留級生。

這次留級對這位學生的觸動很大。進入新的班級後，他處處積極主動、勤奮學習。班裡一些原本想混日子的人，看到學校來真的，受到了觸動。在他的帶動下，同學們上課開始記筆記了，作業也主動繳交。

甚至出現了這樣一種情況，老師在上課時反覆強調的重點，有的人或許會不以為然，但該生以過來人的身份提醒：「這個內容是要考試的。」他的話能立即引起同學們的高度重視。留級生的話竟然比教師的話還有效，這是許多人都未曾想到的。

傑克剛剛接手一個新的班級，他意識到「破窗理論」對良好學風的形成大有裨益。他發現，許多學生一開始就沒有形成良好的行為習慣，想要將這些散漫的學生整合起來，使之遵守學校的行為規範，就必須在發現違紀現象時即時加以制止和糾正，修好「第一扇被打碎玻璃的窗」，使「破窗現象」終止於萌芽階段。

相反，很多教師上課時對違紀學生不給予即時的批評制止和引導處罰，仍按部就班地按教學進度和教案上課，違紀的學生實際上受到了暗示性的縱容，愈演愈烈，違紀者也由點到面擴散開去，最終課堂違紀一發而不可收拾。這時再要整頓課堂紀律，往往是顧此失彼、事倍功半。

7 你應該住在什麼地方

如果你住的地方衛生乾淨，沒有人會忍心來污染它；如果你住的地方污染嚴重，那麼誰都想來污染它——這就是生活環境的「破窗理論」。

有一個高污染專案需要在美國某市興建，市政局同時報了該市的兩個街區（A與B）以備選擇。A街區，社區綠化好、環境優美、衛生乾淨、規劃層次高，相當於那輛沒有被破壞窗戶的汽車，自然而然地，市民到了該地以後行為都會變得文明一些，在一個乾淨漂亮的環境裡吐痰總歸是不自在的。

而所報的另一個地方B街區呢，雖然環境也很優美，但因為已經有了電廠、汙水處理廠、高壓線，相當於那輛已經被打破了玻璃的汽車。

在最終表決的時候，所有的專案組成員和市政局官員無一例外地選擇了B街區，因為他們都想：既然已經如此了，多一個污染源也沒什麼。

一些好的社區總是很乾淨，居民的行為也很自覺，他們一起維護小區的環境。可還是這些人，到了雜亂的環境中，就開始亂丟垃圾、隨地吐痰。

可見，不要輕易去打破任何一扇窗戶，一旦一個缺口被打開，後面的結局似乎可以預料。如果一不小心「打碎第一塊玻璃」，也必須即時修補，防微杜漸。

8 另一個「破窗理論」

令很多人意外的是，居然有第二個「破窗理論」，但這兩個「破窗理論」所處的領域不同，闡述的道理也不同。我們姑且把巴師夏的「破窗理論」稱為「第二個破窗理論」！

一七一四年，曼德維爾寫了篇題為《蜜蜂的寓言》的文章，認為「純粹的美德不能為國家帶來繁榮」。為了回應曼德維爾那富有感染力的、聰明的寓言，巴師夏寫了一篇題為《看見的和看不見的》的文章，他也設想了一個事例：小痞子砸壞理髮師玻璃窗，結果為玻璃商帶來了生意，而玻璃商從理髮師那裡賺到的錢，又可以用來從其他商人那裡購買其他商品。

於是，在這種不斷擴大的循環中，打破窗戶的行為提供了金錢和就業機會。這個思想，後來也被總結為「破窗理論」。

也有人說，這個「破窗理論」源於一個叫黑茲利特的學者在一本小冊子中的譬喻。黑茲利特說：「當一個頑童打壞了一戶人家的玻璃窗後，為了修復，戶主就需要花錢購買新玻璃，還要雇工匠安裝，玻璃店也有了新生意。雖然戶主蒙受了損失，但就此產生了工匠、商店、工廠和運輸方面的新需求，又使另外的一些人得到了好處。所以，不管發生什麼樣的災禍，都是有弊有利的。損失能帶來新的商機，會讓更多的人從中受益。」

也許，當每個人初次看到這個「破窗理論」時，都會感到疑惑，它是真的嗎？對此，經濟學家們也沒有形成一個統一的意見，下面是他們爭議的一些摘要：

「人們需要冷靜地、實事求是地認清損失和困難，還需要戰勝困難的信念，但是不需要空幻的自慰。一個試圖把壞事變好事的過程是複雜的，它並不簡單存在於破窗理論的邏輯中。」

「一個頑童，打破了鄰居的窗戶，鄰居就得更換新的窗戶，於是帶動了玻璃工人和木匠就業，而他們又進一步帶動了更多原材料提供者就業，整個社會便得以欣欣向榮，所以，頑童打破窗戶是有益於經濟發展的。這套推理錯得厲害，連目不識丁的大媽也知道那是錯的。錯在哪裡呢？它忘記了『世界上的資源總是稀缺的』……」

「資源是稀缺的，要理解這一點並不難，難就難在要自始至終牢記這一點。有些人即使已經成了有名的經濟學者，到關鍵時候也還是記不住。讀者們不要相信那些發動戰爭有利美國經濟的說法。大炮多了，奶油就必定減少……」

「在捍衛『資源是稀缺的』這一要旨的時候，我們不應該忽視另一條經濟學要旨——『稀缺的資源並不一定是被充分利用的』」。

「在討論『破窗』、『襲擊』造成的有形資產損失和可能刺激生產增加的兩個後果時，有些經濟學家沒有分清潛在國民生產總值與實際國民生產總值兩個不同的概念。在經濟蕭條的時候，大量的資源——包括勞力、機器、廠房、自然資源——被閒置。由於對前景缺乏信心，消費者節省日常生活開支，廠商減少資產投資，因而造成總需求下降，經濟持續蕭條。這種蕭條是一種相對穩定狀態，如果沒有外界推動，這種狀態就不會改變。只有外界力量推動或刺激總需求，繼而引起國民生產以乘數增加，才能改變原來的狀態。這正是凱因斯超越古典經濟學的理論貢獻。」

如果你住的地方衛生乾淨，沒有人會忍心來污染它；如果你住的地方污染嚴重，那麼誰都想來污染它。

第八條、手錶定律

只有一隻手錶，可以知道是幾點，擁有兩隻或兩隻以上的手錶，卻無法確定是幾點；兩隻手錶並不能告訴一個人更準確的時間，反而會讓看錶的人失去對準確時間的信心。

八、手錶定律

只有一隻手錶，可以知道是幾點，擁有兩隻或兩隻以上的手錶，卻無法確定是幾點；兩隻手錶並不能告訴一個人更準確的時間，反而會讓看錶的人失去對準確時間的信心。

1 太多的手錶

只有一隻手錶，可以知道是幾點，擁有兩隻或兩隻以上的手錶，卻無法確定是幾點；兩隻手錶並不能告訴一個人更準確的時間，反而會讓看錶的人失去對準確時間的信心：這就是著名的「手錶定律」。

「手錶定律」給我們一種非常直觀的啟發：對一個企業，不能同時採用兩種不同的管理方法，不能同時設置兩個不同的目標，否則將使這個企業無所適從；一個人不能由兩個以上的人來指揮，否則將使這個人無所適從；一個人不能同時選擇兩種不同的價值觀，否則，他的行為將陷於混亂。

2 是什麼讓你無所適從

你希望自己變成怎樣的一個人——大富翁？藝術家？企業家？演說家？手藝超群的廚師？廣受歡迎的年輕人？為子女愛戴的母親？給殘疾兒童帶來希望的老師……

不管你希望變成怎樣的一個人，對大部分人來說，他們都沒有去做真心想做的事情！

是什麼阻止了我們做真心想做的事情，讓我們無所適從呢？

首先是我們被教養的方式，我們總是被要求去滿足父母的期望，去適應老師替我們塑造的模式，從來就沒有考慮到自己有什麼樣的期望。

第二，我們所處的環境通常都不是事先計劃好的。我們往往因為事先住在什麼地方，就在什麼地方定居下來，我們不曾想過：「也許應該改變我們的環境，也許應該搬到別的地方去居住。」我們也可能因為第一個找到的工作是哪一行，就做起哪一行的事來，而沒想一想這個行業是不是真的適合自己。

再說，我們也常因為住到什麼地方，就和附近的鄰居交朋友，而沒有想過搬走，另外結交一些朋友，可能會比待在目前的朋友圈子中，令自己生活得更為有趣。我們往往墨守成規，任由習慣支配我們。

第三個理由是：我們不能做自己真心想做的事情，因為我們從來就不被鼓勵這樣做。這個理由說起來繞口，道理卻很簡單：當我們需要別人給我們打氣時，卻不曾得到支持，因此我們就洩氣了！

我們的教育制度一向是懲罰多於鼓勵。你可記得作文課的情形？你可記得老師怎麼教你的？大多數的老師都會把你犯的錯誤挑出來告訴你——這個字寫錯，那個字寫得歪歪斜斜，這句成語更是用得牛頭不對馬嘴！

3 別讓不同的價值觀來影響你

「手錶定律」的更深層涵義在於每個人都不能同時挑選兩種不同的價值觀，否則，他的行為將陷於混亂。

什麼才是我們真正想追求的價值觀呢？

簡單地說，就是那些你比較喜歡、珍惜和認為重要的事情。我們常自以為很了解自己，事實上，大部分人都不曾花時間來了解自己的真正需要。

小時候，我們多半都會接受父母的價值觀，因為我們希望認同自己的父母，把父母視為心中的楷模，而父母也常根據孩子能否接受他們的價值觀來獎勵或懲罰他們。

等到你上學時，情況便有些不一樣了，你很可能受到同學和老師的價值觀的影響。

在你離開家庭進入成人世界時，你更是不斷地修正自己的價值觀：有些事對你變得比較重要，有些則無足輕重；某些人對你的重要性超過普通人，有些更變成你的模範，你認同他們，接受他們的某些價值觀，也拒絕了另外一些價值觀。

大部分的價值觀都是中性的，無所謂好壞，但一個人不能同時選擇兩種截然不同的價值觀。希望權力沒什麼不好，因為權力是中性的，重要的是你運用權力的方式是建設性的還是破壞性的，你有可能當希特勒，也有可能當甘地，全看你怎麼用權了。

同理，希望有錢、希望得到認可、講究自主都無所謂好壞，只是這些價值觀都是構成你之所以為你的因素罷了。

許多女人常常否認自己有追求權力、金錢和成就的需要，因為她們認為這些價值觀和她們所認為女人該有的樣子不相配。然而這種認知慢慢地改變了，在今天，一個女人喜歡追求權力、金錢和成就越來越被人們所接受。刻板的角色被打破後，我們有更多的機會來追求自己的個人價值。

有時，我們也會為自己的價值觀付出代價，特別是當價值觀與我們的事業和生活發生衝突時。但只要我們真正認同自己的價值觀，就不應再受其他價值觀的影響。也許對你來說，寧可事業上受到損失也要追求自己內心的那份和諧與平靜！

「蘋果手機」的創始人之一——年輕的史蒂夫在早期的電腦世界裡找到了一個完美的工作環境。他留著鬍子，穿著牛仔褲，成天一個人在車庫裡工作，他幻想著一個新世界的誕生，統治這個世界的只有他和其他一小部分人。「我一生都在寂寞中度過，但我知道自己的工作是有價值的。」史蒂夫心中的價值就是自立和社會利益。

後來蘋果公司發展成了一家實力雄厚的大公司，這無情地擊碎了史蒂夫的價值觀。在這裡，謀財圖利代替了社會價值，集體經營代替了個人天才。

史蒂夫從蘋果公司退了出來，自己開了一家新公司，公司裡只有幾個人，每人都穿著牛仔褲在各自的房間裡思考新的創意。

並非只有藝術家和創造者才如此書生意氣。一位極有道德感的投資銀行家曾在兩家大公司身居要職，但都因為不能容忍其價值系統而遭到辭退。他這樣表白：「我想我喜歡與風車作戰。我有一種唐吉訶德式的心理，我覺得公司的行為是在掠奪民眾，於是我挺身阻止。當然了，那位曾經十分賞識我的『朋友』立即解雇了我。」

「我非常沮喪，雖然一切都在預料之中，可我能怎麼辦呢？除了看重才智，我從小就看重道德。這很愚蠢，我知道，可是我肩負著某種道德感。」

由於出眾的才華，這位專家再次應邀出任一家投資公司的主管。兩年後，由於同樣的原因，由於拒絕做一筆「好生意」而不得不再次下台。

在事業中，雖然史蒂夫和這位投資銀行家都由於自己的價值觀而遭遇挫折，但就是因為對其他價值觀的免疫力，他們的內心才能平靜如水。

4 選擇你自己的價值觀

成功完全是種個人現象，只有把完成的事情和個人的價值觀結合在一起，你才會覺得非常的成功。假如違背了自己的價值觀，不管達到什麼樣的目標，你都不會有太多的成就感。

假如你最基本的價值觀在美感方面，你是喜歡繪畫、雕塑，還是演奏樂器或欣賞音樂？你的美感是透過參觀藝術博物館、觀賞芭蕾或聆聽音樂會來表現會比較好，還是只要透過你的家便能表現出來？

假如你把追求身體健康作為價值觀的一部分，你採取的行動也許就是選擇適當的食物，適當安排運動和休息時間，避開煙、酒以及令人發胖的食物。

正確地選擇價值觀，最好還要知道某一種價值觀對你的重要性達到什麼程度，以及想用什麼方式來表現。

如果傾向於追求人道主義，請你自問：「參加慈善事業，無可避免會涉及金錢的事情，我能平衡嗎？還是說想做個積極的志工人員？或是自創一份人道主義的事業？」

假如你對智慧方面有著強烈的興趣，也請你自問：「我在這方面下的功夫夠多嗎？我是否該參加圖書討論會？或到附近的大學裡去選修一些課程？」

試問自己：「我是不是願意把時間、精力、資源都花在一件夢想的事情上，甚至願意為它放棄生命呢？」

事實上，你活著的每天、每分、每秒都在為了某些事情付出你的生命。為了實踐某個理想，你窮盡自己畢生的心血、精力、想法及創意，甚至為它犧牲，無論你是否認為這是一種犧牲。

當你選擇了最重要的事情時，你的價值觀會影響你的決定。如果你想擁有一個非常充實的人生，那麼你願意為它付出生命的事情，一定正是你活著的理由。

5 發現獨一無二的本能

遺傳學家的研究成果證實：人的正常、中等的智力由一對基因所決定，另外還有五對次要的修飾基因，它們決定著人的特殊天賦，有降低智力或升高智力的作用。

一般來說，人的這五對次要基因總有一兩對是「好」的。也就是說，一般人在某些特定的方面可能有良好的天賦與素質。

所以，不要埋怨現實的環境，不要坐等機會，每一個人都應該根據自己的專長來設計自己，根據自己的環境、條件、才能、素質、興趣來確定努力方向。

人們不僅要善於觀察世界，也要善於觀察自己。湯姆遜由於「那雙笨拙的手」，在處理實驗工具方面感到非常煩惱。後來他偏向於理論物理的研究，較少涉及實驗物理，並且找了一位在實驗物理方面有著特殊能力的助手，從而避開了自己的弱項，發揮了自己的特長。

珍妮·古多爾清楚地知道，她並沒有過人的才智，但在研究野生動物方面，她有超人的毅力、濃厚的興趣，而這正是從事這一行所需要的。所以她沒有去研究數學、物理，而是到非洲森林裡考察黑猩猩，終於成了一個有成就的科學家。

實際上，每個人都有很多優點和才能，這些優點便是你成功的關鍵。等到你能清晰地看到自己的特長，確信能在什麼方面取得貢獻，你便開始邁向成功。相反地，如果你看不出自己的優點和才能，便像個活生生被埋到墳墓裡的人！

6 怎樣聽取他人的建議

通常，當我們碰到自己解決不了的問題時，都會尋求局外人的建議，由於他們置身事外，所以容易對事情做出客觀的評價，這也是管理諮詢公司迅速發展的原因之一。但「壞」建議是有風險的，在尋求外部顧問的建議時還請注意以下二點：

(1)找到唯一的最好顧問：「兩隻手錶」並不能告訴你更準確的時間，只會讓你失去對準時的信心。它會把你弄得無所適從，身心憔悴，不知自己該信哪一個。你要做的就是選擇其中較信賴的一隻，盡力校準它，並以此作為你的標準，聽從它的指引。記住尼采的話：「兄弟，如果你是幸運的，你只須有一種道德而不要貪多。」

(2)你的顧問只能和你一樣聰明：比如說你在投資理財上想找一個顧問，那麼你的顧問只能和你一樣聰明。如果你不聰明，他們就不能告訴你太多；如果你有財務知識，有能力的顧問就能為你提出更複雜的財務建議；如果你沒有財務知識，他們必須按照法律為你制訂安全、沒有風險的財務戰略；如果你不是一個老練的投資者，那麼他們僅僅是建議低風險、低回報的投資，例如多樣化的投資。

沒有哪個顧問會選擇花時間教你，因為他們的時間也是金錢。因此，如果你靠自己學到的財務知識經營你的錢，那麼有能力的顧問會告訴你只有少數人才會看到的投資和戰略。但是首先，你必須使自己變得有知識。永遠記住，你的顧問只能和你一樣聰明。

7 也許不需要他人的建議

成功完全屬於個人認知的範疇，對於不同的人，成功有著不同的意義。成功不只是賺很多錢，不只是在報紙上看見自己的名字，成功沒有這麼簡單。

一位慈善家想幫助一個酒鬼，他為酒鬼租了房間供他清醒，並提供飯食和衣服，他還為酒鬼找了份工作，使他能重新開始生活。可是這個酒鬼說：「我不想工作，我就想當個流浪漢。我不要人供養，我只要自由自在。」

有一個受過高等教育的年輕人，他完全可以在繁華的都市找一份報酬很高的工作，但他選擇了到貧困落後的地區當一名教師。他的生活清苦，但他認為自己正在做真正重要的工作，他為此感到安心。

如果每個人都能「選擇你所愛的，愛你所選擇的」，那麼無論成敗都可以心安理得。

每個人對於成功的定義都不一樣，正表示每個人都是獨一無二的。每個人都有著不同的優點、興趣、目標和價值觀。要想成功，你一定得對自己誠實，一定得尊重自己的本質，還必須平衡自己的生活——平衡所有的希望和需要。

因為成功是整體——包括你的工作和你所有的人際關係，還包括你對生活整體的享受與欣賞。

為了保持這種平衡，自身必須依據你的本質做出選擇。這些抉擇包括你所做的每一件事——從挑選衣服到選擇房子，從事什麼工作到閒暇時要和哪些朋友在一起。要成功也就是能接受對自我負責。你最好試著自己做出決定，不要讓他人的建議來影響你，因為只有你自己才知道自己需要什麼。

知道自己在做什麼是最重要的，別人如何看待你的工作、決定、努力、動機或成就，這些都不要緊，因為只有我們最清楚自己所作所為的重要性，我們必須依據自己的價值和信念來評估一生的作為。

當然，他人的掌聲及喝彩固然令人高興——例如，當你聽到某人對你說「謝謝」，或讚許你的作為時，你必然會感到歡喜——但最重要的還是你對自己的評價。而大部分的人都將別人的評價建立在自己的人生信仰及價值觀之上。

如果你已經知道自己真正的需要，就沒必要再去徵求他人的意見，在這個時候，任何人的建議都只會影響你的自我判斷和決心，對你來說，最好的辦法也許就是忠於自我，勇於實現自我。

8 千萬不要朝令夕改

有這樣一位苦惱的人力資源主管，他的老闆總是說話不算數，為此他吃了不少苦頭。

有一次，他按老闆的指示與員工續簽合約，結果因各種原因出了問題。老闆急了，把員工一個一個找來談心，最後一個個擺平。然而，老闆與員工協商後的結果並未通知這位人力主管。員工滿意了，可是都認為是他的工作有問題。老闆呢，自然認為是他辦事不力，什麼場面都要他親自應付。

在很多公司，老闆的「思維」極其活躍，他們一天一個政策，一天一個創意，今天變革比較時髦，他們就抓公司的變革；明天目標管理比較時髦，他們就抓目標管理。往往一個政策才執行到一半，員工就被要求執行下一個政策，這樣的企業只能使員工無所適從。以至有些企業的員工都能總結出這樣的規律：「老闆第一次發佈的某個政策，可以先不管他；第二次如果還強調這個政策，那麼可以適當考慮去做；第三次如果再強調相同的政策，那麼應該著手去辦。但這樣的老闆一個政策能堅持下來的往往不足60％。」

9 別讓員工無所適從

一名員工不能由兩個上司來同時指揮，否則將使他無所適從。

黛安娜．波蘭斯基給醫院院長戴維斯博士打來電話，要求立即做出一項新的人事安排。從黛安娜的急切聲音中，戴維斯院長能感覺得到發生了什麼，他讓黛安娜馬上過來見他。大約五分鐘後，黛安娜走進了戴維斯院長的辦公室，遞給他一封辭職信。

「戴維斯博士，我再也幹不下去了，」她開始申述，「在產科當了四個月的護士長，我簡直做不下去了。我怎麼能做得了這份工作呢？我有兩個上司，每個人都有不同的要求，都要求優先處理。要知道，我只是一個凡人，我已經盡最大的努力去適應這份工作，但看來這是不可能的。讓我舉個例子吧，請相信我，這是一件平平常常的事。像這樣的事情，每天都在發生。」

「昨天早上七點四十五分我來到辦公室就發現桌上留了張紙條，是達納．傑克遜醫院的主任護士給我的。她告訴我，她上午十點鍾需要一份床位利用情況報告，供她下午向董事會作彙報時用。我知道，這樣一份報告至少要花一個半小時才能寫出來。三十分鐘以後，喬伊斯（黛安娜的直接主管、基層護士監督員）走進來問我為什麼我的兩位護士不在班上。我告訴她雷諾茲醫生（外科主任）從我這要走了她們兩位，說是急診外科手術正缺人手，需要借用一下。我告訴她，我也反對過，但雷諾茲堅持說只能這麼辦。你猜，喬伊斯說什麼？」

「她叫我立即讓這些護士回到產科部。她還說，一個小時以後，她會回來檢查我是否把這事辦好了！我跟你說，戴維斯博士，這種事情每天都發生好幾次。一家醫院就只能這樣運作嗎？」

對於企業或其他組織也是這樣，兩個或兩個以上的領導不但提高不了組織的工作效率，反而會帶來管理的混亂，導致員工無所適從，並降低了工作的效率。

如果你已經知道自己真正的需要，就沒必要再去徵求他人的意見。

第九條、路徑依賴

一旦人們做了某種選擇，就好比走上了一條不歸之路，慣性的力量會使這一選擇不斷自我強化，並讓你輕易走不出去。

九、路徑依賴

一旦人們做了某種選擇，就好比走上了一條不歸之路，慣性的力量會使這一選擇不斷自我強化，並讓你輕易走不出去。

1 馬屁股決定鐵軌的寬度

一旦人們做了某種選擇，就好比走上了一條不歸之路，慣性的力量會使這一選擇不斷自我強化，並讓你不能輕易走出去，生活中的這種現象就被稱為「路徑依賴」。

一個廣為流傳、引人入勝的例證是：現代鐵路兩條鐵軌之間的標準距離是四英尺又八點五英寸，為什麼採用這個標準呢？

原來，早期的鐵路是由建電車的人所設計的，而四英尺又八點五英寸正是電車所用的輪距標準。

那麼，電車的標準又是從哪裡來的呢？

最先造電車的人以前是造馬車的，所以電車的標準是沿用馬車的輪距標準。

馬車又為什麼要用這個輪距標準呢？

英國馬路轍跡的寬度是四英尺又八點五英寸，所以，如果馬車用其他輪距，它的輪子很快會在英國的老路上撞壞。

這些轍跡又是從何而來的呢？

從古羅馬人那裡來的。因為整個歐洲，包括英國的長途老路都是由羅馬人為它的軍隊所鋪設的，而四英尺又八點五英寸正是羅馬戰車的寬度。

任何其他輪寬的戰車在這些路上行駛的話，輪子的壽命都不會很長。

可以再問，羅馬人為什麼以四英尺又八點五英寸為戰車的輪距寬度呢？

原因很簡單，這是牽引一輛戰車的兩匹馬屁股的寬度。

故事到此還沒有結束。

美國太空梭燃料箱的兩旁有兩個火箭推進器，因為這些推進器造好之後要用火車運送，路上又要透過一些隧道，而這些隧道的寬度只比火車軌道寬一點，因此火箭推進器的寬度是由鐵軌的寬度所決定的。

所以，最後的結論是：路徑依賴導致了美國太空梭火箭推進器的寬度，竟然是兩千年前便由兩匹馬屁股的寬度所決定的

2 道格拉斯．諾思的偉大發現

第一個使「路徑依賴」理論聲名遠播的是道格拉斯．諾思，由於用「路徑依賴」理論成功地闡釋了經濟制度的演進，道格拉斯．諾思於一九九三獲得諾貝爾經濟學獎。

諾思認為，「路徑依賴」類似於物理學中的慣性，事物一旦進入某一路徑，就可能對這種路徑產生依賴。這是因為，經濟生活與物理世界一樣，存在著報酬遞增和自我強化的機制。這種機制使人們一旦選擇走上某一路徑，就會在以後的發展中得到不斷的自我強化。

「路徑依賴」理論被總結出來之後，人們把它廣泛應用在選擇和習慣的各個方面。在一定程度上，人們的一切選擇都會受到路徑依賴的可怕影響，人們過去做出的選擇決定了他們現在可能的選擇，人們關於習慣的一切理論都可以用「路徑依賴」來解釋。

沿著既定的路徑，不管是經濟、政治、還是個人的選擇都可能進入良性循環的軌道，迅速優化；也可能順著原來錯誤的路徑往下滑，甚至被「鎖定」在某種無效率的狀態下而導致停滯。而這些選擇一旦進入鎖定狀態，想要脫身就會變得十分困難。

但不管是優化還是鎖定，在「路徑依賴」的背後，隱藏的都是人們對利益的考慮。

對組織來說，一種制度形成以後，會形成某種既得利益的壓力集團。他們對現存路徑有著強烈的要求，他們力求鞏固現有制度，阻礙選擇新的路徑，哪怕新的體制更有效率。

而對個人來說，一旦人們做出某種選擇後，在既有的道路中，他們會不斷投入各種資源。如果哪天他們發現自己選擇的道路不再適合自己、沒有價值時，他們做出新的選擇。

這時，他們才發現前期的巨大投入可能會因為重新選擇而變得不值一文。對任何人來說，這都是一筆很大的損失（經濟學上稱為「沉沒成本」）。

3 自我強化與鎖定效應

有人將五隻猴子放在一隻籠子裡，並在籠子中間吊上一串香蕉，只要有猴子伸手去拿香蕉，就用高壓水教訓所有的猴子，直到沒有一隻猴子再敢動手。

然後用一隻新猴子替換出籠子裡的一隻猴子，新來的猴子不知這裡的「規矩」，竟又伸出上肢去拿香蕉，結果觸怒了原來籠子裡的四隻猴子，於是它們代替人執行懲罰任務，把新來的猴子毒打一頓，直到它服從這裡的「規矩」為止。

試驗人員如此不斷地將最初經歷過高壓水懲戒的猴子換出來，最後籠子裡的猴子全是新的，但沒有一隻猴子再敢去碰香蕉。

起初，猴子怕受到「株連」，不允許其他猴子去碰香蕉，這是合理的。但後來人和高壓水都不再介入，而新來的猴子卻固守著「不許拿香蕉」的制度不變，這就是路徑依賴的自我強化效應。

實際上，最早提出路徑依賴的是W．Brain Arthur他對技術演變過程的自我強化機制進行了研究，指出新技術的採用大多數是具有報酬遞增性質的。

首先發展的技術可以憑藉其領先優勢，實現規模經濟，降低單位成本，誘使同行採用相同的技術，從而產生協力效應，技術在行業中的流行會促使人們相信它會進一步流行，這樣就實現了自我強化機制的良性循環，從而戰勝競爭對手。

如果新技術由於某種原因進入市場太晚，就不會獲得足夠的追隨者，沒有足夠的追隨者，就不能收回技術開發成本，從而不能進一步開發新技術，由此陷入惡性循環，進入鎖定狀態。

諾思將技術演變中的自我強化機制引入到制度變遷理論中來，他認為制度變遷中同樣存在自我強化機制。

一次或偶然的機會將導致一種解決方法，而一旦這種方法流行起來，就會導致這種方法進入一定的軌跡。

在自我強化機制作用下，報酬遞增普遍發生，經濟、政治制度變遷會沿著初始選擇的正確路徑，進入環環相扣、互為因果、互相促進的良性循環中，「不斷優化」就是制度變遷的正確路徑。

而如果選擇了錯誤的路徑，就可能下滑到無效率的深淵而不能自拔，這就是另一條路徑——鎖定狀態。

4 可怕的沉沒成本

當一項已經發生的投入，無論如何也無法收回時，這種投入就變成了「沉沒成本」。

舉個例子來說，你花了十塊錢買了一張今晚的電影票，準備晚上去電影院看電影，想不到臨出門時天空突然下起了大雨。

這時你該怎麼辦？

如果你執意要去看這場電影，你不僅要來回包車，增加額外的支出，而且還可能面臨著被大雨淋透、發燒感冒的風險。

還有一個更為經典的例子。

有一個老人特別喜歡收集各種古董，一旦碰到心愛的古董，無論花多少錢都要想方法地買下來。

有一天，他在古董市場上發現了一件嚮往已久的古代瓷瓶，花了很高的價錢把它買了下來。

他把這個寶貝綁在自行車後座上，興高采烈地騎車回家。誰知由於瓷瓶綁得不牢靠，在途中「叮噹」一聲從自行車後座上滑落下來，摔得粉碎。

大家猜猜，這位老人是什麼反應？

這位老人聽到清脆的響聲後居然連頭也沒回。這時，路邊有位熱心人對他大聲喊道：「老人家，你的瓷瓶摔碎了！」老人仍然是頭也沒回地說：「摔碎了嗎？聽聲音一定是摔得粉碎，無可挽回了！」不一會兒，老人家的背影消失在茫茫人海中。

如果換成一般人肯定會從自行車上跳下來，對著已經化為碎片的瓷瓶捶胸頓足、扼腕痛惜，有的可能會經過好長時間才得以恢復精神。

每一次選擇之後，我們總是要付出行動，而每一次行動我們總是要投入，不管投入的是人力、物力、財力還是時間。在做出下一個選擇時，我們不可避免地會考慮到這些前期的投入，不管它還能不能收回，是否真的還有價值。

最終，前期的投入就像萬能膠一樣，把我們黏在原來的道路上，無法做出新的選擇，而且投入越大，把我們黏得越緊。因此，可以肯定地說，「沉沒成本」是路徑依賴現象產生的一個主要原因！

5 習慣——纏在你身上的鐵鏈

習慣透過一再的重複，由細線變成粗線，再變成繩索；再經過強化重複的動作，繩索又變成鏈子；最後，定型成了不可遷移的習慣與個性。

人類時時刻刻都在無意識中培養習慣，這是人的天性。因此，我們仔細想一想，我們平時正在培養哪種習慣？因為我們都受習慣潛移默化的影響，都要臣服於習慣之下，最終，習慣可能為我們效力，也可能扯我們的後腿，成為「朽木不可雕也」！

諸如懶散的習慣、看連續劇的習慣、喝酒的習慣以及其他各種各樣的習慣，有時要束縛、控制我們大量的時間，而這些無聊的習慣佔用的時間越多，留給我們自己可利用的時間就越少。所謂「煩惱易斷，習氣難改」，習慣就像寄生在我們身上的病毒，慢慢吞噬著我們的精力與生命。

很多人常說「忙不過來」、「哪裡有時間」，就是這些習慣造成的惡果。

還有些人，已被習慣束縛，成為習慣的奴隸，碰到任何事情，都想把它們嵌進習慣的框框中，這樣怎麼能夠想出新奇的思路呢？怎麼能夠產生獨特的想法呢？這時的習慣就像寄生在我們大腦裡的腫瘤，阻止我們思考與創新。

如果任何事都具有習慣性，漸漸地，就會失去探索和尋求更好方法的欲望，這時習慣就成了惰性的別名。

所以，習慣有時是很可怕的東西。習慣對人類的影響，遠遠超過大多數人的理解。人類行為的百分之九十五是透過習慣做出的。

習慣有「習慣自然成」那種不可見的潛移默化的力量，正如一位哲人所說：「首先，我們培養習慣；後來，習慣塑造我們。」

6 播種習慣，收穫命運

有位美國作家說過：「播種行為，收穫習慣；播種習慣，收穫性格；播種性格，收穫命運。」一種好習慣可以成就人的一生，一種壞習慣也可以葬送人的一生。

試想，一個愛睡懶覺、生活懶散又沒有規律的人，他怎麼約束自己勤奮工作？一個不愛閱讀、不關心身外世界的人，他能有怎樣的胸襟和見識？一個自以為是、目中無人的人，他如何去和別人合作、溝通？一個雜亂無章、思維混亂的人，他做起事來的效率會有多高？一個不愛獨立思考、人云亦云的人，他能有多大的智慧和判斷能力？

習慣是人生成敗的關鍵。事實上，成功者與失敗者之間唯一的差別在於他們擁有不一樣的習慣。

好習慣實際上是好方法——思想的方法、做事的方法。培養好習慣，即是在尋找一種成功的方法。

而一個人的壞習慣越多，離成功就越遠。

為什麼很多成功人士敢揚言即使現在一敗塗地也能很快地東山再起？也許就是因為習慣的力量：他們養成的某種習慣鍛造了他們的性格，而性格鑄就了他們的成功。

人類所有優點都要變成習慣才有價值，即使像「愛」這樣一個永恆的主題，也必須透過不斷的修煉，變成好的習慣，才能化為真正的行動。

很多好的觀念、原則，我們「知道」是一回事，但知道了是否能「做到」是另一回事。這中間必須架起一座橋，這橋便是習慣。

那麼習慣的價值到底有多大呢？

美國科學家曾發現，一個習慣的養成需要三週的時間，果真如此，從效率角度分析，習慣應該是投入產出比最高的了，因為你一旦養成某個習慣，就意味著你將終身享用它帶來的好處。

正如奧格·曼狄諾（世界上最偉大的推銷員作者）所說：「事實上，成功與失敗的最大分野，來自於不同的習慣。好習慣是開啟成功的鑰匙，壞習慣則是一扇向失敗敞開的門。」

7 培養一生的好習慣

那麼，我們又該如何去除惡習，養成好習慣呢？一靠制度約束，二靠自己的努力和決心。

在養成好習慣、去除壞習慣的初期，必須靠制度的強制作用進行約束。每個人飯前、便後洗手的好習慣不是與生俱來的，這種習慣是經過父母或他人的無數次強制和糾正才得以養成；新加坡素有「花園城市」的美名，市民的自律習慣更是讓人稱歎，但你可知道，當時這些習慣的培養甚至動用了警察、監獄等國家法律來強制！

所以，「強制出習慣」是個不折不扣的真理！

好習慣的養成，除了靠制度的約束、教育的陶冶外，還要依靠自己的決心和勇氣。

而決心和勇氣何來呢？

這又不得不歸結於文化了。在一個積極向上的文化氛圍中，你總睡懶覺於心何忍？在一個團結合作的文化氛圍中，你總自以為是、目中無人何以立足？在一個開拓創新的文化氛圍中，你總唯唯諾諾、人云亦云何以發展？

所以，文化是一種更為強大的自然整合力，超越了制度的強制力、超越了習慣的戀舊性，它強大得無需再強調或者強制，它不知不覺地影響著每個人的心理和精神，從而最終成為一種自覺的群體意識。

當然，任何一種習慣的培養都不是輕而易舉的，因此一定要依照循序漸進、由淺入深、由近及遠、由漸變到突變的原則。

8 男怕入錯行，女怕嫁錯郎

一代指揮大師伯恩斯坦痛苦地趴在工作台上，頭髮淩亂，右手無力地向前伸著，手中的筆從他指間脫出，筆尖的墨汁滴在尚未寫完的、已經塗畫過的樂譜上……

長久以來，英姿勃發、瀟灑倜儻的伯恩斯坦是以指揮家的盛名和榮耀出現在我們面前的，他那極富個性的指揮風格和風度，傾倒了無數樂迷。

然而，追溯伯恩斯坦的成長經歷，他最早的抱負其實是當一位作曲家。

一九一八年，伯恩斯坦出生在美國麻塞諸塞州的勞倫斯，曾求學於哈佛大學，因為酷愛音樂，後轉入美國著名的寇蒂斯音樂學院，師從美國當時非常有名的作曲家和音樂理論家俾斯頓學習作曲。

在此期間，性格活躍的伯恩斯坦還隨著名指揮大師賴納學習指揮，不過，他當時的主要意向還是作曲，創作的熱情非常高，寫出了一系列出手不凡的作品。一時間，伯恩斯坦創作的作品猶如一陣清新之風吹拂了美洲大陸，人們發現一位新的作曲大師已嶄露頭角。

就在伯恩斯坦寫出一部部新作品的同時，具備多方面音樂才華的他又涉足指揮領域。他先是到波士頓坦格伍德的音樂培訓中心，成為著名指揮大師庫謝維茨基的學生，並深得庫氏的賞識，兩年後成為其助手。

後來一個偶然的機會，他又被當時擔任紐約愛樂樂團常任指揮的羅津斯基發現，推薦他擔任這個著名樂團的助理指揮。在一九四三年的一場重要的音樂會上，年僅二十五歲的伯恩斯坦代替因病不能上場的瓦爾特出場指揮，獲得極大成功，由此一舉成名。

到了一九五八年，決定伯恩斯坦成為一流指揮家的時刻終於到來，因為就是在這一年，伯恩斯坦接過了米羅普洛斯的指揮棒，成為紐約愛樂樂團常任指揮。在世界樂壇的指揮領域，這是個讓人羡慕的位置，在之後的數年中，伯恩斯坦幾乎成了紐約愛樂樂團的名旦。

伯恩斯坦在指揮上成名的速度和亮度更甚於他在作曲上的成就，但在內心深處，他還是以作曲為己任的。

當他在指揮上一路順風的時候已經意識到這會影響到自己的創作，但指揮家的光環、社會名流的待遇、劇場內如潮的掌聲和喝彩，讓生性外向的伯恩斯坦放不下手中的指揮棒。

在執棒紐約愛樂樂團的歲月裡，創作的欲望無時不在撞擊和折磨著伯恩斯坦。

因此每逢休假，伯恩斯坦總要找一段時間把自己關在屋內進行作曲，他竭力想找回以前的活力和靈感，他要啟動和實現年輕時的夢想與抱負。然而，除了偶爾閃過的靈光外，面對案前正在譜寫的音符，更多時候他面臨的卻是深深的失望與苦惱，樂思的枯竭像幽靈一樣驅之不散。

是創作還是指揮？

這個矛盾和衝突幾乎貫穿了伯恩斯坦的一生，當他在舞台上無數次接受掌聲和鮮花時，有誰能明白他背後的隱痛和遺憾呢？

作為一個指揮家，他已獲得了巨大的成功。但創作的神奇和永恆時時召喚著他，使他的內心始終得不到真正的安寧。

一直到了生命的晚年，伯恩斯坦終於下定決心：辭去紐約愛樂樂團的指揮，回家專心創作。

但是為時已晚，疾病已開始向伯恩斯坦襲來，而更讓他感到痛苦的是，有人認為他創作的音樂只停留在《西區故事》這樣的音樂劇的層面上，不可能再有所超越了。這對伯恩斯坦來說，無疑地是更致命的一擊。在他晚年的時候，每念及此，他都耿耿於懷。

伯恩斯坦一定是帶著深深的遺憾告別人世的。

伯恩斯坦雖然「誤入歧途」進入指揮領域，但畢竟還是在他喜愛的音樂領域，不至於錯得太離譜，所以還能取得成功。但如果他完全背離了自己的本質和天分，進入音樂外的其他領域，那麼他還能如此成功嗎？

許多人犧牲了自己的本質，去做那些自己不願意做的事情，這就是他們不能成功的真正原因。

該做老師的人做了企業家，該做企業家的人卻跑去當老師，該做管理員的跑去做推銷員，做管理員的卻是那些該做律師的人，做律師的該做醫生，做醫生的卻自己創業去做老闆……

這種選錯行的人太多了，這些人注定要失敗——因為他們沒有選擇成功的生活。

9 做正確的事比正確地做事更重要

如果一個人覺得自己的工作沒有意義、不值得去做，往往會保持冷嘲熱諷，敷衍了事的態度。這不僅使得成功的幾率很小，而且就算成功，他也不會覺得有多大的成就感。

對此，「不值得定律」做出了最直觀的表述：不值得做的事情，就不值得做好。

因此，對每個人來說，都應該為最喜歡的事業奮鬥。「選擇你所愛的，愛你所選擇的」，才可能激發我們的意志，使自己心安理得。

一般來說，人們更傾向於喜歡自己有獨特天賦的事業，做自己有天賦的事情會讓你獲得十足的成就感。

卡斯帕羅夫十五歲獲得國際象棋的世界冠軍，光用刻苦和方法正確很難解釋這一點。大多數人在某些特定的方面都有著特殊的天賦和良好的素質，即使是看起來很笨的人，在某些特定的方面也可能有傑出的才能。

梵谷各方面都很平庸，但在繪畫方面是個天才；愛因斯坦當不了一個好學生，卻可以提出相對論；柯南道爾作為醫生並不出名，寫小說卻名揚天下……

每個人都有自己的特長和天賦，從事與自己特長相關的工作，就能很輕易地取得成功，否則，多少會埋沒自己。

對一個企業來說，則要很好地分析員工的性格特性，合理地分配工作。對有一定風險和難度的工作，最好能讓成就欲較強的員工單獨或帶頭來完成；依附慾較強的職工，應讓他參加到團體工作中去；而權力慾較強的職工，則可以讓其擔任與之能力相適應的主管。

同時，如果能加強員工對企業目標的認同，使之認識到工作的重要意義，就能更好地激發他們工作的激情。

10 知錯能改，善莫大焉

當然，「路徑依賴」現象並不是百分百地發生，它只是告訴人們：一旦踏上某條道路，就很難再重新選擇，因為重新選擇的成本太高。但當你真的發現不再適合自己的工作、不再適合自己的事業時，我勸你最好還是跳出「路徑依賴」的影響，勇敢地走出來。

人生忌戀戰，有些事，大局既已無望，宜迅速放棄，另謀出路，不可空耗自己一生，必須在能做的範圍內選擇想做的事。

若在某個行業長期出不了成績，不如改行做更適合自己的事業。拋棄虛榮心，哪怕降低一個層次，只要能發揮自己的特長，就能做出更大的成就，找到自己的人生價值。

不做可做可不做的事，不做可有可無的人，這應該是做人的基本品格。

阿西莫夫是一個科學作家，同時也是一個自然科學家。一天上午，他在打字機前打字的時候，突然意識到：「我不能成為一個第一流的科學家，卻能夠成為一個第一流的科學作家。」於是，他幾乎把全部的精力放在科學創作上，終於成了當代世界最著名的科學作家。

倫琴原來學的是工程科學，在老師孔特的影響下，他做了一些有趣的物理實驗。這些試驗使他逐漸體會到，物理才是最適合自己的事業，後來他果然成了一名卓有成就的物理學家。

當你發現自己走錯時，打破「路徑依賴」是你唯一的選擇！

(THE END)

國家圖書館出版品預行編目資料

不可不知的心理學9大定律 / 彼得(Peter)
等著；艾柯編譯. -- 初版. -- 臺北市：華志
文化, 2020.07
面；　公分. -- (全方位心理叢書；38)
譯自：Golden rules.
ISBN 978-986-99130-1-0(平裝)
1.心理學 2.成功法
170.1　　　　109007602

華志文化事業有限公司
系列／全方位心理叢書 338
書名／不可不知的心理學9大定律

編　　者　彼得等著
執行編輯　楊雅婷
美術編輯　簡郁哲
封面設計　王志強
文字校對　陳欣欣
企劃執行　張淑貞
總 編 輯　黃志中
社　　長　楊凱翔
出 版 者　華志文化事業有限公司
電子信箱　huachihbook@yahoo.com.tw
地　　址　116 台北市文山區興隆路四段96巷3弄6號4樓
電　　話　0937075060
印製排版　辰皓國際出版製作有限公司

總經銷商　旭昇圖書有限公司
地　　址　235 新北市中和區中山路二段三五二號二樓
電　　話　02-22451480
傳　　真　02-22451479
郵政劃撥　戶名：旭昇圖書有限公司（帳號：12935041）

出版日期　西元二〇二〇年七月初版第一刷
書　　號　C338

華志文化